羅啟妍的設計人生

一場跨文化之旅

羅啟妍　著

獻給我親愛的家人和摯愛的朋友，

你們的激勵和支持，對我是如此珍貴。

推薦語

Advance Praise

亞洲協會
香港分會主席
陳啟宗

啟妍總是不斷學習、創作。她是個傑出的藝術家，也是知性洋溢的企業家，將美學和實務和諧地糅合在一起。她慷慨無私的精神和文化上的精彩呈現，讓我們受惠良多。

中國嘉德國際拍賣
有限公司聯合創辦人
王雁南

我從 1980 年代開始和啟妍合作，我很欣賞她，她是一個眼光獨到、創意豐沛的藝術家，在珠寶、其他藝術和設計領域，始終不斷求新、求變。

倫敦赫斯維克工作室
創辦人、知名設計師
湯瑪斯・海瑟尉
（Thomas Heatherwick）

啟妍是一個多才多藝的傳奇人物。她既是學者、歷史學家、教師、編輯，也是令人驚艷的珠寶設計師及陶瓷藝術家。啟妍以她的藝術天份和超人的想像力，巧妙地將這幾個領域結合得天衣無縫。

新加坡國立大學
建築及設計系院長
何培斌

啟妍好學不倦，學習能力非常強，並且將知識融會貫通。我和啟妍一起工作、四處旅行已經超過 20 年了，無論在中華文化、跨文化交流各方面，她總是有恢宏的視野，對歷史細節又有深刻的認識。宏觀又深入的她，總帶給我新的刺激，令我印象深刻。

美國史密森尼學院
赫希洪博物館館長
招穎思
(Melissa Chiu)

啟妍是真正的創作高手。她的珠寶設計對中國傳統做了一番新的詮釋，是重新評價中國傳統文化的先驅。她也樂於和別人分享她的愛好：她支持公益活動，參與對話、舉辦講座，增進人們對亞洲文化新議題，包括一些我們這個年代最重要的文化領袖，如徐冰、譚盾和沈偉等人的了解。

亞洲文化協會董事
麻生和子

30 多年前，啟妍來東京推廣她的珠寶，我們是在那時候認識的。她的作品融合了東西文化的精華，既有濃烈的異國風，又現代感十足，既古老又現代，讓我驚嘆不已。這麼多年來，我還是每天佩戴她的珠寶。她透過珠寶設計展現藝術天份，同時也是傑出的學者，熟悉中國和歐洲的跨文化影響，是一位了不起的女性。

Contents

目錄

前言 Foreword

我認識羅啟妍 20 多年了，那時我還是中央聖馬丁學院時裝、織品和珠寶學系主任，她親自到訪，表示願意和我們的珠寶設計學生分享她的經驗。她專精的珠寶設計相當特殊，而她自己就是這個領域的開路先鋒。沒多久我就發現她博學多聞，受過高等教育、事業心強、精力充沛而且非常熱情，珠寶只是她的專長之一。在我當上中央聖馬丁院長後，啟妍和我們的關係變得更加密切。我退休後，她仍然為朋友盡心盡力，慷慨付出她的時間、人脈和知識。她不僅為中央聖馬丁學院貢獻所學，也擔任北京清華及中央美院等頂尖學院的客席教授。她醉心中國文化，她編寫的著作，從歷史角度討論藝術品在中國人生活中扮演的角色。她經營設計事業，辛勤耕耘的成果得到肯定，更在 2007 年獲得香港設計中心頒發「世界傑出華人設計師大獎」。

啟妍以創意聞名，而珠寶事業正是她享負盛名的關鍵。她由收藏和配搭中國顏色寶石飾品與藝術品起家，慢慢開發出一個不隨俗的、獨一無二的珠寶市場，既不是時尚流行珠寶，也不是貴重的精品，而是為品味優雅、講究自我風格的顧客開闢了一個新的市場。那些客戶想要的是手工精緻、設計出色的優質產品，但價格又要平實。在這個基礎上，啟妍做了前所未見的嘗試，在亞洲尋找手藝精湛的傳統工匠，將他們的切割、雕刻技術運用在珠寶製作中，既保存了傳統技藝，亦帶來革新。

多年來，啟妍為了香港的文化發展努力奔走，積極遊說，不厭其煩地倡議建立藝術市場平台的重要性，呼籲大家認識優良設計的價值，重視教育體系內的創意思維。為了達成這些目標，她走遍世界各地，貢獻自己的時間，參與多個推廣創意及設計的董事會和委員會。她擅於説服他人，循循善誘，而且為了信念不惜一切，只要是她相信的事，就算多麼不可能實現，她也會想方法辦到。

她説過要寫這本書，已經説了好多年了。這本書分享她的人生之旅，從一個童年生活優渥的香港女孩，談到自己闖天下的艱辛歷程，英國的教育和美國的磨練塑造了今天的她。這是一個描述創新、奮鬥和想像力的故事，訴説一個人如何找到深層的創意、她的好運、她的友誼，以及她全心投入、憑著敏鋭直覺經營的市場。

在她回顧 20 世紀中的香港時，我們看到一個巨變前夕的社會，她在美國紐約那段時間尤其如此，但這也反映出她的靈活和爭取，憑藉遠見加上破釜沈舟的決心，她才能排除萬難，創業成功。而她在日本的經驗則反映出人與人之間因為偏見而產生的對立，但她主張了解彼此的文化，互相尊重，緩解雙方的關係。

對歷史的熱情，以及對東西方文化互動的熱愛，是她人生的主旋律，也令這本書有了獨特的觀點。熱情貫穿她所做的一切，說明她的本質，而啟妍在這本書中所分享的人生之旅，就是由這一條條熱情的線編織成的一幅織錦畫。我何其有幸，能在世紀交替的這個全球化時代，參與這位獨立的華人女性一生的順境逆境、跌宕起伏。

倫敦藝術大學
中央聖馬丁藝術與設計學院前院長

珍．羅佩利教授（Prof. Jane Rapley）

Prologue

序幕

Cartier New York
紐約・卡地亞

1970 年代末，紐約市，那是個風和日麗的 4 月天。我待在這個城市已經幾個月了，一直設法為自己謀一條出路，或者說是找個方法修正過去，但更肯定的是，要找個法子掙錢養活自己。那時我在時代公司當公關助理，每個月的薪水扣完稅後就只剩 475 美金，根本不夠生活。我立志向珠寶設計發展，但紐約是個現實的大都會，我拿著手袋走遍大街小巷，向曼克頓上城的商家兜售我的作品，幾個月來一點成績也沒有，只得到許多人禮貌性的微笑和委婉的拒絕。他們說：「你的作品很有意思，可惜不適合我們。」

那時候我還很年輕，從香港飄洋過海而來，剛剛經歷了家道中落的痛苦，生活拮据。本為富家孩子的我對自己的將來曾經寄予厚望，但我在香港第一份報社記者的工作卻沒有什麼前途，後來就進了當時新開業不久的文華酒店擔任公關助理。1963 年開幕的文華酒店給了我機會，讓我大開眼界。因為這份工作，我認識了各行各業的菁英名流，例如執導《齊瓦哥醫生》的電影導演大衛．連（David Lean），名作家格雷厄姆．格林（Graham Green），挪威籍航海探險家索爾．海爾達（Thor Heyerdahl）等人。時代公司執行委員會主席占士．林恩三世（James Line III）更是我一生的貴人，他邀我到紐約工作。就這樣，我來到了人稱「大蘋果」的紐約，住在 57 街和公園大道交界的高級公寓裡，是在文華工作時認識的朋友好意提供的。每天往來曼克頓中城的時代公司辦公室和住所，為我帶來寶貴的機會，亦為我下一份工作做好準備。

每天我沿著 57 街往西走，到第五大道左轉，眼前就是蒂芙尼（Tiffany）迷人的櫥窗。順著第五大道往南走，兩邊全都是全球最奢華的精品名店、跨國企業總部及大批的消費者，他們個個品味非凡、出手闊綽。再往南走，我還會經過幾個地標：先是邦威特．勒（Bonwit Teller）和薩克斯第五大道（Saks Fifth Avenue）這兩家精品百貨，然後是洛克斐勒中心（Rockefeller Center）。直走，到 50 街右轉，再往西走到第六大道，就到了我工作的地方時代生活大樓（Time-Life Building）。

紐約是全球時尚之都，路過每個櫥窗，我都會仔細觀看裡頭的商品，有時候也會走進去，瀏覽櫃台上的陳列，靜靜欣賞櫃上用來吸引富豪買家的飾品。這些商店賣的是最新的流行精品，對象是上流社會菁英。商店和貨品深厚的文化底蘊深深啟發了我，它們的設計當然不在話下。每天走在路上，我的腦子都轉個不停，不斷想著怎樣才能為這些商家和消費者提供更新穎的商品。經過聖巴德利爵主教座堂，我有時會進去避避世，平復焦慮的思緒、重新充電。時間不斷過去，我好焦急，滿心希望我的珠寶作品很快能受到青睞。

那個 4 月天，我如常帶著自己設計的珠寶樣品出門，心裡已經決定了目的地：位於曼克頓中城核心、52 街和第五大道交叉口的卡地亞（Cartier）名店。我花了幾個月的時間分析珠寶市場的商品定位，確定自己應該全力進軍高檔市場，作為我入行的敲門磚。我開發了兩個系列的商品，一個是採用中國和中亞古董元素做成的亮麗項鏈系列，另一個系列則是用紋銀鑲上色彩繽紛的半寶石，做成項鏈和耳環。第二個系列價錢比較相宜，而且更容易搭配時裝。市場上當然有其他銷售渠道，譬如百貨公司、時尚珠寶飾品店或亨利．邦杜這一類走得比較前的公司。這家店很特別，既販賣西方古董也出售飾品，但我心裡有個聲音告訴我，頂尖的珠寶和飾品連鎖店才是我的目標。

這就是所謂因緣際會吧。過了這一年，紐約卡地亞就不再是獨立運作，而是聽命於巴黎母公司，也就是說，這一天發生在我身上的事成為了絕響。卡地亞的店面總是那麼宏偉，單是走進店裡就讓人驚嘆連連。這棟氣派的石灰岩大廈建於 1904 年，是實至名歸的紐約地標。嘉麗絲．姬莉（Grace Kelly）在這裡買過珠寶，甘迺迪總統的夫人也曾是她的顧客。卡地亞創辦人的

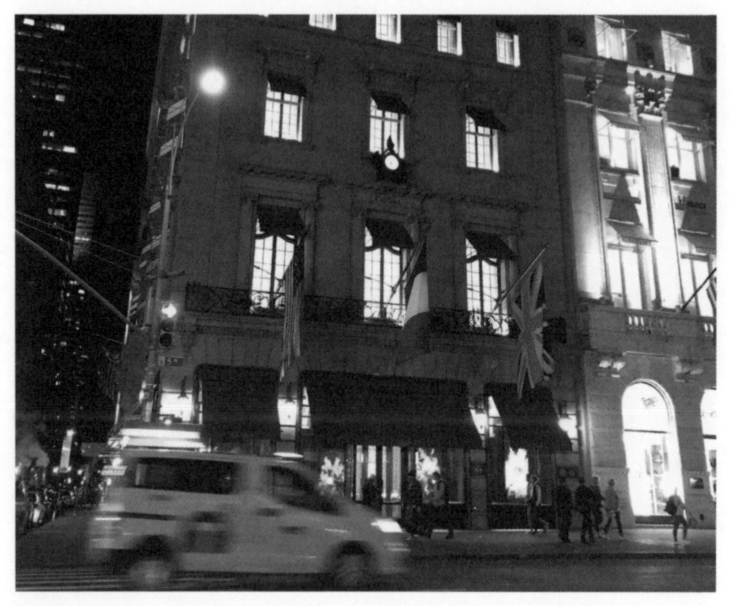

紐約卡地亞，是我珠寶設計事業的第一步。

孫子皮亞·卡地亞（Pierre Cartier）一手創立了紐約店，還稱它是「卡地亞的美國藝術精品」。它是傳統珠寶與飾品業的最高殿堂，也是我奮鬥的目標。但差不多在同一時間，有投資者打算收購卡地亞，這個古老的家業企業遭逢逆境。投資者銀火柴公司（Silver Match）先買下了巴黎的卡地亞，後來又掌管了紐約和倫敦店的營運。也因此，卡地亞摒棄了許多原有的做法，包括給我這種無名設計師嘗試的機會。

每十天一次的「開放日」是美國才會有的機會，在那一天，有意供貨的賣家可以直接走進店裡跟採購人員推銷商品。我選了一個開放日到卡地亞門口排隊。輪到我的時候，總經理查里斯·迪斯曼（Charles Dishman）看了我擺出來的 12 條項鏈，每一條都是用中國的古董珠子和奇珍異寶混搭而成的。我去紐約的時候，帶了 5,000 美金當本錢，還帶了滿滿一抽屜的古董飾品，有中國和中亞的古董珠子跟雕刻、用象牙、青銅和古玉做成的小配件、好幾百年歷史的飾物、中國或日本古典文學中的珍玩等。這些都是我多次往來香港的摩羅街買來的。我想，為什麼不將當中的元素搭配起來，突顯它們的特色呢？為什麼不把它們做成每天可以佩戴的飾品呢？這正是我給迪斯曼看的那 12 條項鏈背後的設計理念。他要求我做一些小改動，雖然在我看來是減弱了作品的吸引力，但最後他收了其中的 10 條。

我的作品上市了。多麼難得的機遇，多麼幸運啊！我生逢其時，這是高級飾品界需要創新、注入新血的時代。大膽的設計，新舊交融，東方與西方交會。卡地亞的這段經驗雖然最終只是曇花一現，然而他們接受我的系列作品，欣喜之餘還給了我信心，鼓舞著我繼續創作，迎合品味高尚的顧客。《金融時報》（*Financial Times*）前亞洲總編輯淩大為（David Pilling）就曾這麼寫過：「她讓人把歷史戴在身上。」不管有心還是無意，我做到了。

我設計的東西很多，當中我傾注最多心力與熱情的，是重拾那些意義深遠卻被人遺忘的古文物精品，找回逝去歲月中殘存至今、獨特卻被忽略的美麗藝術品。為它們重新找到出路，經由再度演繹，重新組合，獲得新生命；讓它們具有現代感，適於佩戴，展現更強的生命力，這一向是我專注的目標，更是我引以為傲的成就。

眼見古董乏人問津——部分原因是它們相當昂貴——我很快就轉向，利用天然、色彩豐富又不貴的半寶石設計出全新的珠寶系列。新系列大受歡迎，也為我在英美、日本和新加坡打響了名號。重量級的時尚評論家蘇絲．曼奇斯（Suzy Menkes）在 1992 年 5 月 7 日的《國際先驅論壇報》（*International Herald Tribune*）寫道：「她縮短了珍貴珠寶和時尚珠寶之間的距離。她是一位先驅。」

而這正是我的初衷。我看穿市場上需要色彩豐富的珠寶，要是天然素材，價格卻必須平民化，因此我把握機會，設計出職場女性需要的作品。但我也想以獨特的方式邁向成功，走出一條自己的路。我想要與眾不同。

作為設計師，我的人生軌跡對一個來自香港的女性來說是不可思議的。我在英國受教育，主修中世紀、文藝復興和歐洲歷史，直到後來搜集中國的藝術品與飾品，探究這些文物的出處和背景，試著將它們融入、做成適合佩戴的藝術作品，這時我才發現自己文化的根源。究竟是什麼力量驅使我拿著手袋，帶著新舊融合的古董飾品在紐約街頭兜售呢？現實層面的答案是，家道中落後我要掙錢生活，但我始終有自己的信念，堅持自己的目標和使命，深信我的設計在生命中是有價值的。我能賦予古文物新的精神，讓它們重回現代人的生活，發揮新的功能。至於我首創的半寶石系列，融合新舊與東西文化的精髓，重新詮釋之後，為飾品界創造了一個「平價奢華」的新類別，提升了時尚與生活的境界。

羅啟妍珠寶
活化歷史系列

Kai-Yin Lo Jewellery
Making History Wearable

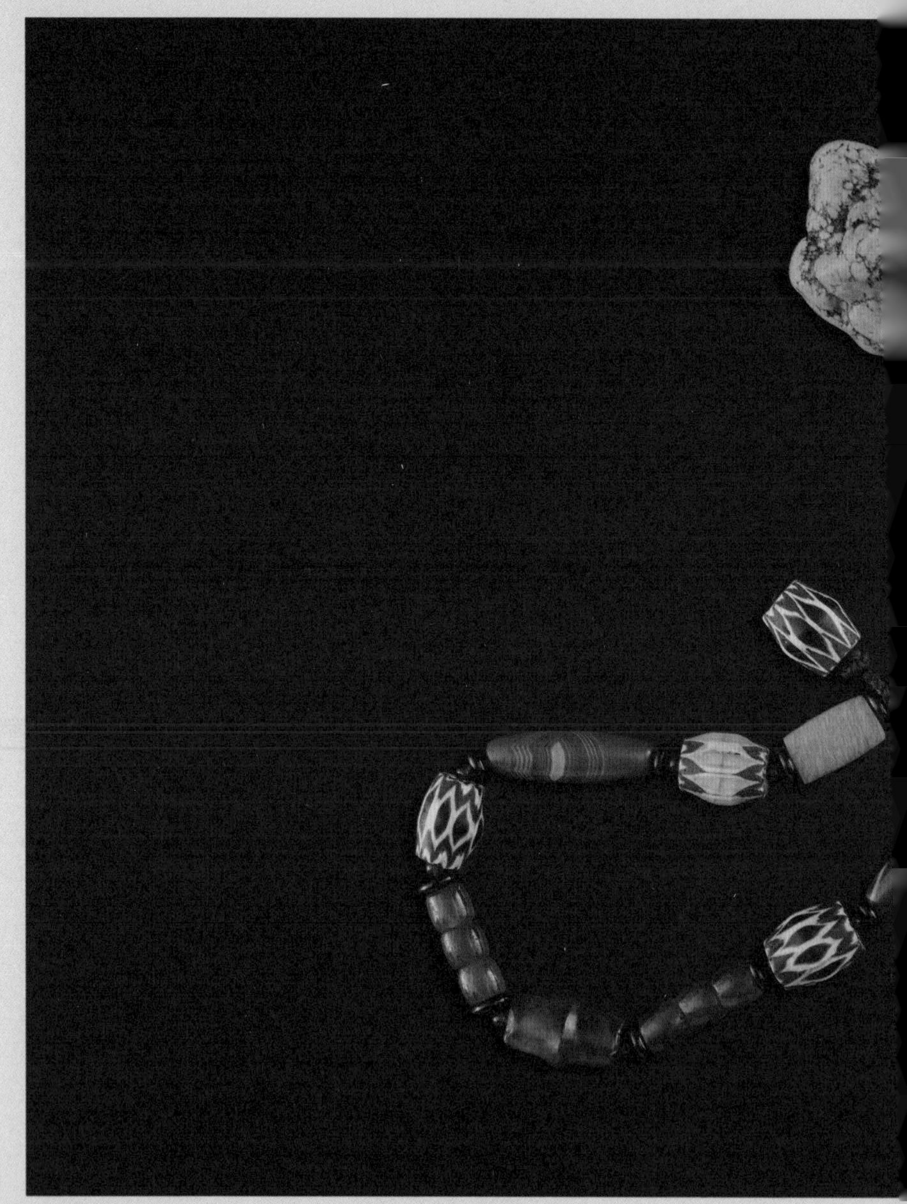

唐玻璃彩珠及瑪瑙（左）、漢玉璧及琉璃珠（右）

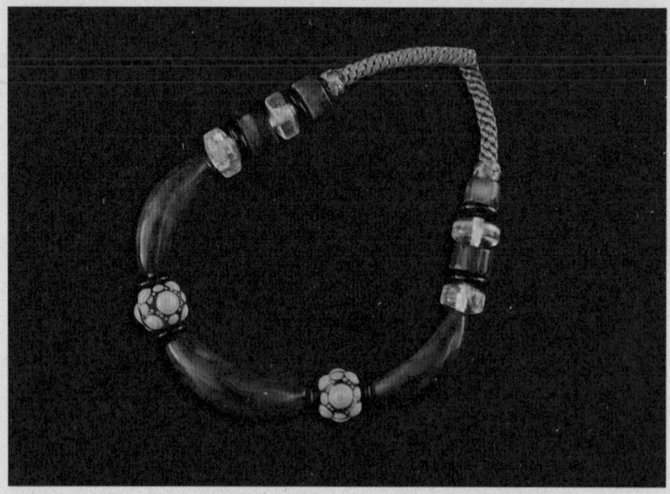

左上｜ 東漢松石小獸、戰國玉璧及蜜蠟項鏈
左下｜ 西漢及春秋瑪瑙、戰國水晶及西漢蜻蜓眼玻璃珠
右｜ 明代黃玉、六朝玉獸及 18 世紀蜜蠟

左｜　西漢鍍金青銅及玉璧襯明代琥珀
右｜　唐、宋黃玉繩結項鏈

左上｜ 「絲綢之路」系列琥珀、藍線石及珍珠項鏈

左下｜ 戰國時代紫晶、水晶及蜜蠟項鏈

右｜ 東漢松石小獸及玉璧項鍊（左）、明代青銅、宋代玉璧及髮束項鏈（右）

羅啟妍珠寶
顏色寶石系列

Kai-Yin Lo Jewellery
Semi-Precious

琥珀、琥眼石、藍線石、黑瑪瑙、貝母及珍珠項鍊、耳環及別針

左｜ 白及茶色水晶、瑪瑙及白貝母耳環、項鏈及別針
右｜ 顏色寶石系列代表作：純銀項鏈

左｜　石榴石、黑瑪瑙、珍珠、白及灰貝母耳環及別針

右上｜　珊瑚、翡翠及鑽石耳環及別針

右下｜　綠瑪瑙、灰貝母及珍珠耳環及別針

左上｜ 綠瑪瑙、貝母及珍珠耳環及別針
左下｜ 綠色、粉紅色碧璽及鑽石耳環及別針
右｜ 紫晶、瑪瑙、水晶及珍珠耳環及項鏈

「通往成功的道路是天分、創意和幹勁。創意往往就是在技藝、信念和嘗試三者之間取得平衡……再加上某種程度的膽識。」

倫敦藝術大學

中央聖馬丁藝術與設計學院教授

— 珍・羅佩利

"The path to success is talent, creativity, and drive.
Often creativity is a balance of skills, beliefs, and experimentation...
along with a certain daring."

Professor Emerita

Cental Saint Martins UAL

— Jane Rapley

成長與發展

第一部分

Family and Growing Up
家庭和成長

和許多香港家庭一樣，我家的歷史是從珠江三角洲的一條小村落開始，逃到香港這個充滿機會和成長空間的大城市。在一個「隻眼開、隻眼閉」的政府底下，新移民只要規規矩矩的，就可以過自己的日子了。

我祖父叫羅玉堂，1885 年在珠江口西樵鎮的一條小村子出生。根據家族的傳説，祖父在 1895 年來到香港，那一年他十歲，後來進了皇仁書院。當時香港是英國殖民地，華人能學英語的地方就只有皇仁。許多皇仁畢業的華人後來不是成了立法局大老，就是金融界和商業界的重量級人物。關於祖父早年生活的點點滴滴，例如他怎麼創業成功的，現在已經無從稽考。我們確實知道的是，他在中環開了家貿易公司，位於皇后大道中旁邊的昭隆街。昭隆街跟畢打街平行，已經接近洋人集中區的界線了，再往西就是華人區及他們開的商店，幾乎看不到歐洲人。昭隆街 19 號，這棟叫「雅文超隆行」的樓房就是我們家的。後來我爸爸在這裡開了家貿易公司，媽媽也在同一棟樓開了家旅行社。

現在因為改建，已經看不到街道原來的面貌了，但我還是會常去走走。我覺得自己和這裡有很強的連結，來到這裡就好像跟祖父及父母進行一場小小的心靈對話。

我祖父是個有雄心壯志的人。20 世紀初的香港給予擅於把握機會的人許多商機。我祖父的事業版圖擴展得很快，不久就坐上了某家英國大銀行香港分行買辦的位置。所謂「買辦」是一種奇怪的中間人或經紀制度，俗稱「白手套」，他們在香港和內地其他通商口岸，代表人生路不熟、不懂中國辦事規矩的歐洲商人處理事情。太古集團、怡和洋行這一類外國金融業者和貿易商都未學過當地的語言，也不懂當地的風俗習慣，因此就要倚重中間人，結果是令許多買辦都成了有錢有權的大人物。買辦在幫買賣雙方奔走的時候，當然得抽一定成數的佣金，而且往往會同時佈好幾條線，善用職位來為自己牟利。不過他們得承擔一定的風險，萬一出了問題，就得承擔損失。這種做事的方式到頭來也令我的家族深受其害。

我爸爸跟隨祖父的腳步，當上有利銀行的買辦。有利銀行在 1959 年被滙豐銀行併購之前，是大英帝國旗下重要的金融機構之一。祖父做貿易賺了很多錢，在俗稱「二馬路」的堅尼地道 17-19 號給家人建了一座大宅子。這裡是地勢最高的華人住宅區，當年有句話說：「狗跟華人不能越過這個高度。」從這裡往上一直到太平山頂，都只有英國等外國人才能入住。祖父的朋友都是香港顯赫的華商，他的密友利希慎建了堅尼地道最豪華的大宅院，並且在銅鑼灣買了一大片土地，後來變得非常值錢。

1930 年代，我祖父創了個叫「百家利」的牌子，開始賣古龍水和日用品。我記得小時候常去店裡玩，店很大，就在德輔道的永安百貨西面。祖父賣的古龍水有舊日滿滿的香港風情，老香港到處飄散著它的味道。古龍水在當時是很重要的生活用品，特別是在炎炎夏日。當時最好的牌子是廣生行的「雙妹牌」，1930 年代的雙妹牌廣告上就是一對穿著旗袍的雙胞胎姐妹，不過我們的牌子也很受歡迎。雖然印象有點模糊了，但我對那間店舖和店裡飄散的香味還留有美好的印象。它是我去英國讀書之前，那個時代久遠的香港記憶。

我爸爸 1912 年在香港出生，媽媽則 1920 年左右出生於汕頭。汕頭在 1858 年第二次鴉片戰爭後開放作為通商口岸，是 19 世紀中國沿海的鴉片貿易點之一，直到 20 世紀還是中國非常重要的港口城市。我外曾祖父 19 世紀時做過汕頭高官，但我媽媽很不喜歡提起家族的歷史，因為那也是典型家道中落的故事。她沒有出生證明，但我知道外祖父在紐約哥倫比亞大學讀過書，家裡還有個近親擔任過中國駐華盛頓大使，不過那也都是陳年往事了。

我的外曾祖母出身書香世家，家裡出過何啟爵士這個大人物。

1955 年全家福，後排左起是我、爸爸、媽媽、哥哥啟良，前排左起是弟弟啟耀和妹妹啟文。

他在興建香港啟德機場的過程中扮演舉足輕重的角色，啟德的「啟」就是取自他的名字。但這個家族的顯赫歷史也隨時光褪去，我外祖父人生中最後 25 年都沒有工作，既沒錢也無法養家，一家人住在灣仔春園街一棟窄窄的房子裡。那房子就在我家大宅子的山下，有四層樓，外加一個閣樓。我媽媽的姑姐叫伊蓮娜 · 譚（Dr. Eleanor Thom），她 1920 年代從香港大學畢業，是港大史上第三個女畢業生。我沒記錯的話，她應該也是第一個獲得哥倫比亞大學博士學位的香港女性，後來當上了教育署的高官，我們都非常敬佩她。她非常跋扈，但因為我是好學生，她很疼愛我。她也幫我們兄弟姊妹找到在英國的學校。

我祖父的大兒子是小老婆生的，為了展現寬容大度，祖母把這個嬰兒當做嫡子。我父親排行第二，老三是個女兒。我祖父就這麼個女兒，也是我唯一一個姑姑。她嫁給了陸孟熙，陸孟熙的爸爸是當時中華民國財政部長宋子文的秘書長。宋子文當了好多年財政部長，是蔣介石的妻舅，從抗日戰爭一直到 1949 年共產黨統治中國以前，都是國民政府的重要官員。陸孟熙的社交手腕非常高超，而他的妹妹利陸雁群則是出了名的大美人，嫁給了我祖父的好朋友利希慎的兒子利孝和。利家一直都很顯赫，他們的希慎興業有限公司現在還擁有銅鑼灣大片土地，包括利園一帶和利舞臺都是他們家的。

再來就是我祖父的第三個兒子。他大半生都住在美國，當過美國空軍，後來才搬回香港。第四個兒子，也就是我的五叔，很早就過世了。

六叔讀的是廣州的嶺南大學。我祖父在廣州也有座大宅子，我很小的時候去過一次，對這龐大的建築驚嘆不已，印象非常深。那是典型的粵式住宅，有許多房間，有個前庭，還有個很大的房間供下人休息。入口有個轎廳，可以停放轎子，進去才是大廳，跟我們在堅尼地道上的西式房子很不一樣。六叔後來加入人民解放軍去打韓戰。他的女朋友家有三姊妹，名字分別是蔣抗日、蔣聯蘇和蔣定美，六叔娶的是排行中間的「抗日」。

他常跟我們說他駐紮在韓國一座山頂上的故事。他說那個晚上寒風刺骨，當下決定離開軍隊。後來他設法回到廣州繼續讀書，並且在 1970 年代不知怎麼的去了德國，搖身一變成為慕尼黑一所大學的教職員。他娶了個德國女生，在蘇格蘭的格拉斯哥取得小兒科醫師資格，最後在慕尼黑過世。

我大伯，就是我祖父小老婆生的第一個兒子，娶了鄰居的女兒。我們家在堅尼地道 19 號，伯母的娘家就在我們對門。大伯是古董收藏界的一號人物，屋子裡堆滿了所謂的「古董」，後來分家的時候卻發現多半是贗品，或者年代不符。不過在那時候，我們都對這些東西很熱忱。大伯生了五個兒子、三個女兒，總共八個孩子，我們家只有四個。到頭來，大伯一房全去了加拿大，在那裡落地生根。

小時候，我們還住在大宅子裡的時候，差不多每天都跟祖父一起吃飯，另外幾房則各自開伙。碰到家族聚會，例如替祖父、祖母慶祝生日，就會擺上至少兩三張十人座的大圓桌，而且總有很多親戚搶著要來，因為我祖父很有錢，會派厚厚的利是給他們。祖父當家作主的時候，我們都噤若寒蟬。他的宗旨是「食不言，寢不語」，令出如山，人人都得遵守。我還記得祖父母一人一邊坐在炕上的樣子（所謂「炕」就是傳統的中式長榻），祖父躺在炕上的時候，誰都不准打擾他。祖母總是坐著，她向來坐在同一個位置，這樣才能看清楚屋子裡所有的動靜。

從我祖父到現在，羅家已經傳到第四代了。我們的家訓是「慶啟家聲」，意思是要提振家族的聲譽。我爸爸的一代是「慶」字輩，他名叫「羅慶光」，伯伯和叔叔分別叫「羅慶麟」、「羅慶斌」和「羅慶強」。我是「啟」字輩，我叫「啟妍」，哥哥和弟弟分別叫「啟良」和「啟耀」，妹妹的名字是「啟文」。我們的下一代是「家」字輩，而「聲」字輩還沒有出生。「慶啟家聲」這四個字就是我們家族行事的準則，也反映出我們努力的目標。

我記憶中的童年就是生活在一個「複雜」的家庭。這麼一大家子人，有許許多多的故事、彼此的關係錯綜複雜，有時還存在各種緊張角力。祖父兩個妻子所生的孩子，每一房都有自己獨立的生活空間，表面上大家和睦相處。在那個年代，這樣的安排是很平常的。典型的華人大家庭內部存在各種張力，但因為祖父母還在，所以得試著維持和睦。

我爸爸雖然是次子，但事實上是元配的長子，所以我們家就名正言順地佔用了頂樓，住在祖父母的旁邊。我們這一代，我哥

1954年纏足的祖母站在我們的宅子正門附近，左邊是我，右邊是兩個堂姐。

哥啟良排行老大，我是老二。啟良和我感情很好。我終身未婚——緣分就是這樣——而啟良則娶了來自英國倫敦、親切可人的莎拉（Sally）。他們生了兩個可愛的女兒，現在有四個孫子孫女了，我非常疼愛他們。莎拉是個勇敢的女性。她嫁給啟良以後搬到香港來，住在我們的大宅子裡。香港對她來說是一個全然陌生的世界，她剛來時，在香港連一個人都不認識。

我弟弟啟耀先是去了英格蘭森麻錫郡（Somerset），在一所名叫「米爾菲爾德」（Millfield）的獨立「貴族」中學讀書。我們家發生變故以後，他去了加拿大滿地可，半工半讀從麥吉爾大學（McGill University）畢業。有段時間他開了家餐館，回港後又進了投資銀行業。老四啟文跟我一樣，去了英格蘭，讀同一所修院中學。她很活躍，完全沒有我這個獨行俠的缺點。啟耀和啟文基本上是在加拿大長大成人的。對我們來說，那是另一個世界，因為啟良和我始終在英國和香港這兩個地方來回奔走。

其實我們兄弟姊妹各人都有英文名字，我以前也叫莎拉（Sally），可是我不喜歡。在英國的時候，我總要大家叫我「啟妍」，是我自己決定不用英文名字的。這件事我其實說不出原因，不過現在回想起來，我猜是尊重中國文化的表現吧，畢竟我們是其中的一份子。無論我們如何努力接近英國，走向國際，都改變不了中國的基礎。身為跨文化學者，我更加珍惜自己的中文名字「啟妍」，因為它意味著「開啟一切的善與美」。

Our Big House
我們的大宅子

1914 年，我祖父已經賺夠錢，在堅尼地道給家人建了座大宅了。堅尼地道是一條東西行的馬路，沿著香港島半山蜿蜒向上延伸，朝北的一面山腳就是擠擁的皇后大道東大街。堅尼地道是半山第一排，也是當時英治政府允許華人入住的地勢最高的地方。當時許多華人富商都在俗稱「二馬路」的堅尼地道上建豪宅，羅家大宅也是其中之一。越過通往太平山頂最主要的幹道——花園道——另一頭，在半山上同一高度的干德道，沿路也建了很多豪宅。我寫這本書的時候，豪宅區只剩下顏成坤的宅子，但也已經荒廢了。但在 20 世紀最初的幾十年，香港有頭有臉的華人家庭都住在半山第一排的堅尼地道和干德道。

不管有意識與否，我們的祖宅和它所代表的一切，以各種方式影響著我的生活。它宏偉的氣勢、宅子蘊含的傳統，還有它象徵的社會地位，以至失去它的過程都在我的生命中扮演一定的角色。宅子建於 1914 到 1918 年，它的樣式並不常見，但氣勢磅礴。宅子的結構相當複雜，主體有三層樓高，有屋頂花園；

羅家大宅正面，建於 1914 年。

兩邊側翼都建了樓房，每層都有個小小的花園。左右側翼都有四層樓高，而且有寬廣美麗的屋頂，可以俯瞰腳下灣仔的全景、遠處的港口及更遠的九龍。屋頂上擺了兩個巨大的陶罐，是為了消防救災預備的。天哪，我們竟然認為靠這麼點水就能救火。主樓的底層是豬欄和傭人的房間。再往下，在房子的北面越過陡峭的山坡，朝向灣仔那一面，是我們家一大片梯田般的菜園。宅子在堅尼地道上，有個富麗堂皇的大門，這裡其實是大宅主體結構的三樓，沿著宅子旁邊走 253 個梯級下去，就到了皇后大道中。

東西兩個側翼都有各自的門牌號碼。祖父祖母住在 19 號四樓，我們一家住相連的 17 號四樓。我爸爸是祖母的大兒子，所以我們可以跟祖父母住同一層樓。住在大宅子裡的人全都必須嚴格遵守這套長幼有序的規矩，數十年如一日，一直到 1970 年代中期。

夾在左右側翼當中，在雄偉的正廳門面和堅尼地道中間是一個小小的庭院，四邊花園環繞。二樓兩邊小庭園有高大的玉蘭花樹。簡單來說，這宅子自成一個世界。

14 歲那年，我證明了自己是一個好學生，得以擁有自己的房間，不必再跟哥哥共用。我很用功，成績一向很好，祖父非常以我為榮，對我總是很慈祥。我的家雖然是很傳統重視男孫的華人家庭，但我這個女兒卻很得寵。後來我進了劍橋大學，家人更是引以為傲。

我搬到廚房上面的一個小廂房，可以隨意佈置，把它變成我自己的小天地。這件事對我意義非常重大，也是我第一次有機會展現自己的設計才華。我對所謂的「中國風」，也就是歐洲人如何詮釋中國的設計，非常感興趣，「中國風」也就成了我房間的主要風格。那時候我特別喜歡藍色，當然是淺藍，因為根據中國傳統，青藍色是死亡的顏色，是葬禮上才用的，但淺藍色沒問題。我在淺藍色的房間裡睡覺、讀書，直到離開香港去英國。現在我聽算命師的話，不再用藍色了，改為常用深淺不一的紅色。不過誰又説得準，命運到底怎樣左右我們的人生呢？

我從英國回來後，説服祖父讓我搬出那個小廂房，並且把車房上層改裝成自己的空間。這次我還是親手佈置，直到現在還認為那是個傑作呢。

從正門一路往裡邊走到宅子的三樓，是一個大而陰暗的會客室，擺著深色的木頭家具。往下走一層到二樓，住的是大伯夫婦和他們的七個孩子。這一大家人不但佔據一整層樓的兩邊，地下室部分空間也歸他們使用。後來房子賣掉了，一切都不同了。有很長一段時間，家人都責備我父親，怪他失去了家產。在我努力自創品牌的那段日子，也有些家人覺得我太高調了。但最後，我們各自用不同的方式做出了一番成績。我堂二哥羅啟熙是建築師，他居中協調，下了不少功夫。我弟弟羅啟耀也出了不少力。他們都在加拿大讀書，走得很近。

他們常一起打高爾夫球。最近幾年我們甚至特意安排定期聚餐，大家聚在一起就像個大家庭一樣，當年的摩擦似乎成了陳年往事。過去的事總算過去了，我希望兩家人的感情會更深厚。

上｜羅家大宅正門，門牌號碼是堅尼地道 17-19 號。
下｜中庭花園，直通宅子三樓。

住在堅尼地道的華人富商生活多彩多姿，而我們這些華人菁英的子弟都可以自由自在地四處探索。我們想要和需要的一切，包括我的小學——聖芳濟各男女小學——都在附近。我還記得過了我家往西走有一大片竹林，然後沿著堅尼地道走下去就會來到 1930 年代創校的同濟中學。

堅尼地道上最大的一棟豪宅是利家大宅，利希慎家族擁有山腳下皇后大道東和銅鑼灣的大片地產。在我們的東邊是胡家，我家敗落後，合和實業的老闆胡應湘買下了我們的土地和大宅子。他也想買下胡太太的大花園和房子，不過她硬是不肯賣，並跟死神堅持了好一段時間，才終於讓胡家等到。

他們在我家宅子和花園的那塊地上面建了合和中心，現在人們可以從堅尼地道的入口直接走進合和中心 17 樓，然後再搭升降機下到 1 樓。這是直達皇后大道東的公共通道，我常走這條路，很多人都會走這條捷徑。但據我所知，合和計劃重新發展，把合和中心擴建成香港島上最大的一棟建築。到時候，胡應湘和他的家族會擁有大片土地，從我們的老家開始一直到嘉諾撒聖方濟各書院。他們會在這裡興建一連串豪華大廈，歷史悠久的堅尼地道會變成一條寬闊的大馬路，到那個時候老香港的風華就一點也不剩了。但至少在我心裡，我還能看見我們的大宅子、一階一階的花圃和隔壁的竹林。

Old Hong Kong and Wan Chai
老香港和灣仔

香港糅合了多種文化，是非常出色而且獨樹一格的，而我正是這多元文化交融的產物。廣東的嶺南文化是香港文化的主流，它雖然以廣東文化為基礎，卻又比之更豐富。而在香港這幅織錦畫裡，還看得出其他多種文化的絲絲縷縷。英國殖民的影響當然是很深厚的，殖民政府大力鼓吹國際貿易和金融活動，吸引並且滋養了許多像我祖父這樣的人，在進入 20 世紀之後尤其如此。從 1960 年代起，製造業崛起，加上越來越鼓勵創業精神，工業廠房變成一個個龐大的地產發展基地，令不少人發財。

香港是一個非常特別的地方，澳洲記者李察 · 休斯（Richard Hughes）對此有個著名的描述：「借來的地方、借來的時間」（A borrowed place on borrowed time）。從過去到現在，香港都是非比尋常，中國南方文化和英國殖民文化的互相影響顯而易見。香港的政治和社會體制基本上是英國人建立的，與中國文化的框架互相角力。歷史上有個很有趣，但也相當諷刺的例子，那就是 1887 年英國維多利亞女王登基 50 週年金禧慶祝活動。當時香港的英國人認為一定要好好慶祝，因此開了個會議討論各種慶祝計劃，只不過華人都被排除在外。最後的決定是要在香港建一個公園，用女王的名字命名，但這個計劃最後並沒有實現。後來華人自己也開了個會議，有個商界大亨公開表示殖民地境內的商人們「應該採取行動，對於英國所提供的保護表達感謝之意」。會議決定籌措一筆經費，成立華人商會，藉此向女王致敬，作為登基 50 週年的紀念。這個商會雖然經歷過好幾次的轉型，但現在仍然在運作。至於英國人呢，最後他們決定建一座雕像。這個故事的教訓是，雖然香港的法治和框架是英國人建立的，但商業文化卻是華人的活力和創意打造出來的。

1840 年代英國人正式在香港落腳。殖民政府在現時的中環一帶建立起商業區和軍營，現在的金鐘以東就是當年的海軍基地。香港島中心地帶很多老建築都被拆除了，雖然如此，那兒的街道還散發著舊日的情懷。我從小到大所熟悉的那個舊世界在這裡還留有一些痕跡。因為填海造地，維多利亞港的海岸線一直往北移，往九龍方向填掉了大半個港灣（至少看似是這樣），但整體上還留有它國際都會的風情和活力，到現在還能清楚地感受得到。中環畢打街周邊以及熙來攘往的灣仔的規劃，幾十年來到最近都沒有多大改變。

1950 和 1960 年代的香港是一個有著三四百萬人口的城市。曾經它只是中國南部沿海有幾個小漁村的荒島，但英國殖民政府的紀律和效率提升了它的商業價值，帶來成長與繁榮。文華酒店附近及中環的海濱地帶是香港發展史上的重中之重。直到 20 世紀初，華人還是不准進入這個區域，他們生活和做生意的地方只限於英軍管轄地區以東，也就是從灣仔開始往東過去，或是從畢打街往西的地方。鴨巴甸街曾經是華洋的分界，華人不准踏進鴨巴甸街以東，當然更不能在這裡建房子。鴨巴甸街元創方（PMQ）的地庫有塊石頭，上面就有洋漢分界的記號。

我祖父的事業橫跨東西兩邊，在中環的東西兩側都買了房產，也做生意。打從一開始，香港大大小小的種種，就已經是我生命的一部分。但奇特的是，種族和文化對我在珠寶設計方面的發展幾乎毫無影響。我先在紐約建立起自己的品牌，之後再擴展到全美，然後到新加坡、日本和倫敦。我認為這是因為從作品的設計與文化的角度而言，我努力讓它們國際化，只帶有少許的東方色彩，因此有獨特的風格，而且容易搭配。

灣仔的街道本身就蘊含豐厚的歷史，不但是香港發展史的縮影，也能解釋中環那些拘謹的英國殖民者與華人之間微妙的關係。華人開的各種小商店和小生意，從刻印章的到印書的，都擠在皇后大道東兩邊熱鬧的街巷裡。一直到 1920 年代，電車行走的莊士敦道仍然處於維多利亞港的海邊，街道北側雜亂地泊滿了舢舨和駁船，船隻滿載中國來的貨物，人來人往，熱鬧得很。

1950年代，我父親羅慶光、母親羅譚勵明、哥哥啟良、弟弟啟耀、妹妹啟文和我。

從莊士敦道往南一路到皇后大道東的街道全都是上斜的坡路，船街、廈門街，每條街都擠滿了生意興隆的小商店，提供船隻需要的各種貨品。順著山坡再往上走，就是迷宮一樣的小路，捷船街和星街就在這一帶，再往上就是堅尼地道了。我家旁邊有一排石階，從前我們總是沿著石階跑上跑下，一路跑到皇后大道東。那排石階，如果我沒記錯，應該有253級，現在還在。我的母校——現在改名叫嘉諾撒聖方濟各書院——附近還有另外一排石階，連接堅尼地道和下方的皇后大道東。多數孩子都是從灣仔密密麻麻的房子之間往上爬樓梯上學的，但我不是，我是沿著堅尼地道走過去的。

順著山坡再往上走，就到了南固臺。這座古宅離我們老家不遠，二戰期間是日軍的營區，因此成為了出名的「鬼屋」。我猜地產大亨胡應湘一度把這裡納入合和中心二期開發計劃，但因為居民強烈反對而作罷。現在它還保有古蹟的原貌，是香港作為一個健康社會的見證：有錢有勢的人不見得能為所欲為。

聖方濟各書院是一群意大利修女在 1869 年創立的。這群嘉諾撒仁愛女修會的修女在這裡辦了醫院、孤兒院和學校三合一的慈善機構，因為辦得非常成功，政府將堅尼地道和下方的土地交給他們辦學，直到現在學校仍在原址運作。書院學生大部分是女生，但從我那個年代就已經招收少量男學生了。這是一所中英雙語學校，但對我來說，它是我英語的啟蒙學校，校友有許多是香港社會舉足輕重的人物，當中包括不少政界人士。

我們家雖算得上富裕，但跟香港的大富豪比起來還差得遠。我們對門的顏家是中華巴士的老闆，另外還有有權有勢的利家。以前過農曆年的時候，我們都要去利家的大宅院拜年，因為利希慎是我祖父的好朋友。他們說利家是因為買下了怡和洋行在銅鑼灣的土地才發達的。1928 年利希慎被人暗殺身亡的時候只有 36 歲，殺手在中環街上走近他，然後對他開槍，其中一個殺手當場死亡，另一個逃到內地去。據說我祖父親眼目睹整個過程。家族間的傳說是，我祖父跟利希慎有將近 20 年的時間每天都一起吃午飯。

我爸爸長大後寸步不離我祖父，如影隨形學做買辦生意。有一段很長的時間，他總是走在祖父後面，保持三步的距離。利希慎的做法則完全不同，他把兒子送到國外受教育。他有四個太太，大兒子利銘澤是二太太所生，他去了英國留學，後來成了香港社會的重要人物，1950 和 1960 年代擔任過立法局和行政局議員，1983 年過世。利希慎的三兒子利孝和，畢業於牛津大學彭布羅克學院（Pembroke College），是個溫文儒雅的紳士，說得一口皇家腔的英式英語。他對仕途不感興趣，接受了怡和洋行「大班」曉治．巴頓（Hugh Barton）的邀請，擔任文華酒店第一任董事主席。這是個明智的選擇，因為他在這方面的名氣和才華的確是最佳人選，酒店的名字「文華」就是他取的。他擔任文華主席時，間接給了我人生中最重要的機會，讓我走進更寬廣的世界。

利希慎的第四個兒子利榮森是個知名的學者，畢業於北京燕京大學。燕京大學後來有部分併入了北京大學。利榮森和知名的家具學者王世襄是同學。王世襄曾經花了很多心思，在我的著作《中國古典家具與生活環境》（1998）中，用出眾的書法為我寫了篇很有啟發性的序，稍後我們還會談到這本書。利榮森收藏了許多精美的中國畫與古董，而香港中文大學之所以能順利成立，他更是功不可沒。他把自己部分收藏品捐給了中大藝術館。我那本寫家具的書出版時，邀請他主持新書發佈會，雖然他向來不喜歡鎂光燈，但看在老朋友也就是我父親，以及同窗王世襄的份上，終於答應幫我，更何況王世襄還為我寫了序。

我們再回頭談談利孝和。他娶了我姑丈陸孟熙的妹妹陸雁群。利陸雁群是個大美人，於加州米爾斯學院（Mills College）畢業，舉止優雅、處事圓滑，和丈夫崇高的地位相得益彰。

農曆年到利家大宅拜年的時候，我看著大宅子，驚嘆不已之餘，也會拿它跟自己家做比較。走在那些房間和花園之間是一種非常獨特的經驗。利家的朋友個個大有來頭，中國「紅色資本家」榮毅仁的兒子、中信集團香港分公司的老闆榮智健都是他們的座上賓。他那雍容華貴的妻子以擁有許多珠寶出名，以前我總是羡慕地看著她，想著，哇，她連手袋都鑲滿了玉！有很長一段時間，那是我努力的目標，激發我的靈感和動力。唯一的差別是，我想讓這類傳統飾品有更強的現代感。我一年才見到這些大人物一次，但對我來說，走一趟利家大宅意義非凡，總是給我留下很深的印象。我不確定它是否直接影響了我，但後來，當我努力試著要提升自己時，那些人的形象一定曾經浮現在我腦海的某個角落。

U.K. Education
英國留學

在我們那個年代，香港的有錢人有個傳統——其實到現在還是一樣——就是把孩子送到外國讀書。當時香港是英國的殖民地，哥哥啟良和我理所當然去了英國。至於弟弟啟耀和妹妹啟文，雖然中學也是在英國讀書的，但大學教育大部分都在加拿大完成。

我在瑪利諾修院學校讀完五年中學，表現一直都很好，只不過我太容易緊張，常影響考試成績。參加畢業試的時候，我緊張到兩眼模糊，考最重要的科目時，甚至連看都看不到。我通過了普通程度考試（O-Level），可是沒有參加高考（A-Level），提早離開瑪利諾，15 歲就被送到英國的聖嬰耶穌修院學校（The Convent of the Holy Child Jesus）寄宿。它位於修適士郡一個名叫梅菲爾德（Mayfield）的小村子裡，整個梅菲爾德村就只有一條大街。這所學校，以及我哥哥啟良在森麻錫郡湯頓鎮（Taunton）就讀的學校，都是姑婆伊蓮娜幫忙找的。

這是我第一次離開自己的家。現在的孩子寄宿有人噓寒問暖，我的經驗可不是這樣。我好像被帶到那裡，然後就被遺棄了，幾年都回不了家。我想家想得厲害，雖然修女們對我很好，我還是覺得非常孤單。我是那所學校第一個華人學生，有自己一個房間，但還是難過得不得了，簡直是心靈受創。我看著課程時間表，心想：「哇，這種日子還要過三年。」一年要通過普通程度考試，然後再花兩年準備高考。我決定加快速度。離開那個地方最快的辦法就是盡快考完必修科目，然後去參加牛津和劍橋聯招的入學考試。

最後，三年的課程，我硬是用一年半讀完。我每天獨來獨往，除了讀書，什麼都不做，也從來不參加學校的活動。對外的理由是我身體虛弱，但我過的其實是斯巴達式的苦行生活。我在房間的簾子上面再掛上一層厚厚的毯子，這樣可以隔離一切，晚上 9 點半外面熄燈以後，也看不見我的燈還亮著。我畢業的時候，體重只剩 86 磅。我在這所修院中學唯一的目標就是考上大學，我想盡快離開那個地方！後來我妹妹也入讀同一所學校，她是好學生，成績優異，也是傑出的領導人才，後來還當了學生會會長，完全彌補了我的罪過。

學校放假的時候，我們就會前往倫敦西肯辛頓（West Kensington）一棟四層樓的房子暫住。那房子是一對姓葛羅夫（Glover）的英國夫婦的，他們曾住在馬來亞。除了哥哥啟良和我，屋子裡還有三個外國孩子，一個是新加坡來的林明禮；

第二個叫阿弗列（Alfred Lau），他爸爸是香港的名醫；另外還有帕舒帕蒂．拉尼（Pashupati Rana），他是尼泊爾末代大君的孫子，1980 到 1990 年代擔任過尼泊爾內閣高官。我跟前兩位已經沒有聯絡了，但跟帕舒帕蒂多年來一直保持聯繫。他的妻子是現任印度瓜廖爾（Gwalior）大君的姑姐，我還去德里參加過這位年輕王子的婚禮，看他騎著白象進場，非常震撼。後來我讀劍橋的時候，啟良和我一放假時就住在倫敦貝爾塞斯公園（Belsize Park）一個有利銀行退職高層的房子。我猜他的房租是我們幫忙付的。

牛津和劍橋的聯招入學考試是我脫離修院中學的捷徑。我猜現在制度已經不同了，但那個年頭，只要通過考試，這兩所學校就任你選。我躲在自己的小密室裡日夜苦讀，辛苦總算有價值，我通過了。牛津和劍橋都要求學生必須懂一種古典語言和一種現代語言。古典語言我想試試漢語，現代語言則決定全力學好法文。當時我的中文還沒有那麼好，但已經夠我通過古代漢語的入學考試。如果過不了，我就要學拉丁文。我的法文也過關了。就這樣，我考入了牛津和劍橋。

我選擇了劍橋，原因是校園比較漂亮。那年我 17 歲，進入了格頓女子學院（Girton College for Women）。當時劍橋有兩所女子學院，這所名氣比較大。（格頓從 1980 年代中期開始男女兼收，現在校友會聚會時，我見到的男生比女生還多。）

大學開學之前，我到瑞士洛桑（Lausanne）一家私立語言學校上了四五個月的法文，才搬進格頓學院。其實上大學的時候，我並不是很好的學生，沒有好好用功讀書。因為千辛萬苦才考上大學，我已經筋疲力盡了。

在香港上學的時候，我一直都是好學生。雖然沒拿過第一名，可是至少都在前五六名。我這麼用功，有部分是因為我們是一個大家庭，家人對我的期望很高，讓我有很大的壓力。此外，祖父是一家之主，他因為自己沒有受過很好的教育，特別喜歡學業成績好的孩子。我快速完成中學學業，考上劍橋，伊蓮娜姑婆也覺得滿意。我們都很敬佩她，但我覺得當學者或教育家一定非常無趣，很早就決定不會學她一樣。

中學的時候，我原本希望在大學能讀地理系。其實我的第一志願是文學，可惜英文不夠好。我記得我們讀狄更斯的《遠大前程》（*Great Expectations*），開首兩頁，我每三個字就要查一次字典。後來去了寄宿學校，因為歷史老師海蓮娜修女（Mother Helena）對我很好，影響我很深，所以我選擇了歷史。我在劍橋主修中世紀歐洲和英國史，那時也有機會選一些亞洲史，可惜我懶得從劍橋搭車去倫敦上課。我選中世紀英國史，是因為劍橋的欽定講座教授烏爾曼博士（Dr. Ullman）在這方面是公認的權威。我從他那裡學到了修院制度和中世紀堡壘的各種知識。拜這些知識所賜，我 2008 年在敘利亞親眼見到宏偉的十字軍城堡——克拉克騎士堡時，感受良多，意義特別重大。

我在劍橋過得很快樂，但也可能因此而鬆懈了。一開始我並沒有好好用功，而是四處參加社交活動，浪費了許多時間。我們在格頓有個小小的朋友圈，有些是英國女孩，有些是外國人，但我大多跟印度或中亞來的學生混在一起。我最要好的朋友是葛哈·亞伯汗澤迪（Goha Ebrahimzadeh），她是波斯人，現在住在美國。還有瑪麗·戴森（Mary Dyson），南非人，現住巴黎。我跟她們到現在偶爾還會見面。另外一個好朋友叫雅樂斯特·漢密爾頓（Alastair Hamilton），她有一半意大利血統，她爸爸哈米殊·漢密爾頓（Hamish Hamilton）是很受尊敬的出版家。我透過雅樂斯特認識了許多文壇的人，亦接觸到歐陸的一些名流。我覺得自己跟歐洲和亞洲人比較親近，認識的英國人多半是上流階層的，他們對我很友善。怡和洋行的大班約翰·凱瑟克爵士（Sir John Keswick）偶爾會在倫敦的家裡舉辦晚宴，我在那裡也認識了不少在英國讀書的亞洲學生。

我不常去倫敦，因為我在那裡沒有多少朋友，但我還記得其中一個挺著名的，叫露西亞（Lucia Santa Cruz），曾經與查里斯王子交往。她是智利人，爸爸是大使，所以我也頗常去伊頓臺的智利大使館。另一個朋友是約翰·圖薩（John Tusa），他後來當上 BBC（英國廣播公司）國際頻道總監，也是倫敦藝術大學首任校長。亨利·凱瑟克（Henry Keswick）和我們也是一夥的，他後來飛黃騰達，做了怡和洋行的大班，帶領公司登上另一個高峰。還有他的夫人泰莎（Tessa），是位很出眾的女士，我們一直都是知心好友。到倫敦的時候，我會住在祖父為哥哥和我買的房子，那是一棟現代喬治亞式建築，就在肯辛頓的荷蘭公園附近。

格頓學院離市區非常遠，這無形中造成了很大的影響，因為我從未學過怎樣騎單車，到現在也不會。進倫敦市區的時候我要搭巴士，後來祖父買了輛車給我，當作我考上劍橋的禮物。但那輛車後來給我惹了很多麻煩。

大學二年級，我在劍橋算是安定下來了，讀書也相當認真，沒想到卻在這時候出了事。我在劍橋有個好朋友叫阿卜杜拉．阿里瑞扎（Abdullah Alireza），他是沙特阿拉伯來的，加上他在哈羅公學（Harrow School）的同學東尼．康諾（Tony Korner），我們三個人總是群在一起。還有讀牛津的好朋友加拉馬特．札爾（Karamat Jar），他是印度海得拉巴邦（Hyderabad）王公的孫子，中學讀的也是哈羅公學。老王公是個傳奇人物，收藏的珠寶全世界排名第二，僅次於英國皇室，但據說他因為太吝嗇，不捨得吃，最後竟死於營養不良。我現在還與末代王公的妻子艾瑟拉王妃（Princess Esra）保持聯絡，她是加拉馬特的嫂嫂。她一直努力協助重建海得拉巴，我真希望哪天能去探望她。

有一天阿卜杜拉、東尼和我開車去牛津找加拉馬特。車子是我的，但我不會開車，也沒有駕照，所以由阿卜杜拉開。從牛津回來的時候，我們出了車禍，就在劍橋的校園邊上，車子掉進路旁的水溝裡。事情的經過我不太記得了，只記得我坐在後座。沒有人受傷，可是警察來了，這件事改變了我的人生。我們沒有經過學校同意，擅自離校，這是違反校規的。另外，因為出了車禍，校方發現我有車，這也違反校規。過了一段時間，學校的懲處結果下來了，我被下令「停學」，要暫時離開劍橋。格頓學院幫我辦了一張大英博物館的通行證，也同意我去倫敦的國王學院上課。我很喜歡在博物館的閱覽室看書，那裡離國王學院又近，因此決定轉學到國王學院，最後在那裡拿到歷史系的學位。

這整件事情都很蠢，也是我太大意了。但回頭想起來，當時學校的懲處並不公平。車子的確是我的，我沒有駕照也是事實，但車子並不是我開的呀。我常跟印度人、阿拉伯人在一起，他們都是有錢的有色人種。我猜學校當局想要殺雞儆猴，讓違反校規的有錢外籍學生引以為戒，給大家看看炫富的下場。當時很多學生違反不得擁有汽車這條校規，他們什麼背景都有，但學校卻懲罰我，充分顯示那是一個帶有種族和性別歧視的決定，而且是槍打出頭鳥。

阿卜杜拉當然什麼事都沒有，不過我還跟他一直保持聯繫，我到倫敦的時候，有時候也會跟他見面。起初我跟加拉馬特和他太太艾馨（Essin）一直有聯絡。王公家族的傳統是跟土耳其人通婚，加拉馬特的祖母詩若席娃（Theroshiva）就是土耳其末代蘇丹的孫女。詩若席娃非常有威嚴，有次我受邀到倫敦跟他們午餐，按照英國規矩，我得用左手拿叉子，可是我用得很不順手，所以改學美國人用右手拿。詩若席娃很嚴厲地看著我說：「左手拿叉子叉肉！」對她來說，只有英國規矩才符合餐桌禮儀。後來嚴厲的外表煙消雲散，化成了溫暖的情誼。

我在國王學院讀的是英國都鐸王朝早期的文藝復興史，幾乎所有時間都泡在閱覽室，從亨利七世、亨利八世一路讀到伊莉莎白一世。有好些年，我很後悔花這麼多時間深入研究中世紀歐洲史，導致我對中國歷史一無所知。但現在我很高興，它給我打下了很好的基礎，讓我有機會吸收知識、深入學術研究，造就了今天的我，讓我成為跨文化的歷史學者，於倫敦藝術大學中央聖馬丁藝術與設計學院跨文化項目擔任首位客席教授。

我在閱覽室真是如魚得水。它距離國王學院走路只要 30 分鐘，後來我甚至要求轉到歷史學系，並且在那裡取得學位。我很高興自己轉了主修，從中世紀歷史轉到精彩的英國和歐洲文藝復興歷史。這段期間，不但藝術文化百花齊放，也是科學、醫學不斷探索、競爭、消費和發現的年代。就在這個時候，西方世界逐漸成為世界經濟、科學和文化的霸主，比中國文明發展有過之而無不及。

那段時間，我住在祖父為我們在肯辛頓買的房子，佈置成法式中國風情再添上一抹傳統中國風。格頓學院幫我辦了一張證，讓我可以進入大英博物館的閱覽室。閱覽室書桌是皮面的，有一大片可以拉出來的延伸桌面。我總是坐在書桌旁，抬頭看著閱覽室的玻璃圓頂，閱覽室四面的牆是一列列青色的皮質層架，上頭擺滿了書。1995 年，霍朗明（Norman Foster）把圖書館內外改裝成我們現在看到的玻璃大圓頂。閱覽室裡的藏書搬到英國國家圖書館，圓頂下最高的一層變成餐廳，二層是一整圈的展覽空間。

大英博物館北側的長廊展廳在我的記憶中特別鮮明。我就是在閱覽室附近上一層的長廊裡，接觸到唐代的唐三彩、宋代的白瓷和別稱「影青」的青白瓷的。另外，附近貝福德廣場（Bedford Square）的展覽館還有斐西瓦樂・戴維德（Percival David）收藏的唐宋陶瓷精品。一個念頭深植在我的腦海裡，希望有那麼一天我能經手、擁有這類精品。當時很難得能在公開市場上看到白瓷，中國收藏家都把焦點放在比較華麗的明清作品。

那時候我也在一家叫特勒洛普父子（Trollope and Sons）的室內設計公司打工，位於貝爾格萊維亞區的霍爾康坡街（Halcomb Street）。我一向喜歡藝術，對設計有點心得，亦自問有敏銳的

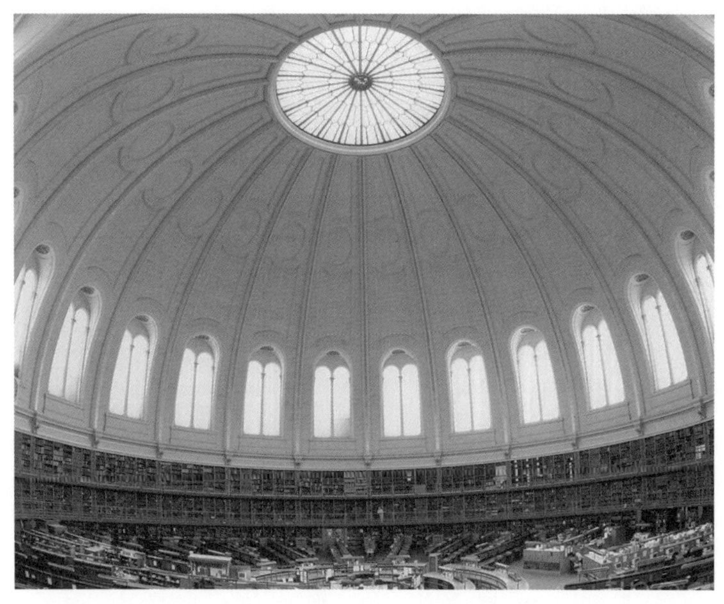

大英博物館閱覽室，有好幾年的時間，我可說是以這裡為家。

審美眼光。回香港以後，祖父同意讓我把車庫上面的房間打通，以重新演繹，去蕪存菁，將它佈置成低調內斂的中國風。

在這間公司短暫的學徒生涯，日後對我的幫助非常大。它記錄了我曾在倫敦就業，提供寶貴的證據，證明我跟英國的連結，更幫助我在 1997 年，那個香港人人搶著拿外國護照的時刻，馬上就申請到英國護照。

Change in Family Fortunes
家庭巨變

1966 年，為我們撐起一片天的祖父已經臥病在床，喪失活動能力，不再活躍於商界了。爸爸當時是有利銀行的買辦，同時也管理家中的事業和資產。只不過這一切在一夜之間全變了樣。

當時的中國局勢動蕩，「文化大革命」蔓延到香港，街上不時發生騷亂，人心惶惶，彷彿好像末日就要到了，紅衛兵和解放軍隨時會越過邊界進入香港。股市暴跌，房地產價格崩盤，情勢急速惡化。而就在這個時候，我的爸爸突然急需大筆現金。

爸爸幫一位客人做擔保，對方還不到錢，成為這場災難的導火線。據我所知，那是一個印尼客戶要買飛機，我父親幫他安排擔保，有利銀行是擔保人，結果飛機失事墜海。我們幾個孩子都在海外讀書，對事發經過不太清楚。我大哥啟良是會計師，他很快從英國趕回家處理善後，開會面對家族各房的質疑。那時我原本有個遠大的計劃，打算去意大利的佛羅倫斯深造，但也被迫回香港找工作。我這麼一個歷史系畢業生能幫上什麼忙呢？我先在《南華早報》當了一陣子記者，專跑法院很悶，但要想辦法幫忙維持家計。

我們在灣仔老家正下方的街角有棟房子，就在春園街對面，北角電氣道上也有一些房產，還有西環賣古龍水的店面。另外，祖父在灣仔修頓球場對面的電車路沿線還有些房子。政局不穩，房地產價格跌了五六成。我父親安排的擔保金額非常龐大，小一點的房產根本不夠還債，我們不得已只好賣了最大的地產，1972 年把祖屋賣了給合和實業。

經濟大不如前，我們每個人都必須想辦法重新安排生活。從前那種養尊處優的日子一夜之間結束了，我們要學會自力更生。啟良和我留在香港，弟弟啟耀和妹妹啟文去了加拿大，半工半讀完成大學。啟耀讀的是著名的麥吉爾大學（McGill University），啟文則讀多倫多的約克大學（York University）。

就在家庭經濟陷入危機的同時，爸爸臥病在床了。後來動亂結束，1970 年市道稍為復甦，但已經來不及救回我們堅尼地道的大宅子，我們得搬離那裡。在那裡住了幾十年，搬家真是一項大工程。傭人全部遣散，他們當中有些已經在我們家待了 30 多年。我失去了車房上層的房間，最親的阿嬤也退休回順德老家，我們家很多幫傭和長工都是從那裡來的。

爸爸從此無法自理生活，過世前有很多年一直臥床不起。媽媽外出找工作，我問哥哥：「我們怎樣生活呢？」他說：「這就是媽媽和我們的責任啦。」我媽真的很了不起。她一直在賣東西，我記得有一次看見她走進當舖，賣了個大鑽戒，算是賤賣吧。我不知道那是不是她的訂婚戒指，但不管怎樣，它幫我們撐過了一段日子。媽媽想盡辦法，讓家人不會分散。她自己也是出身顯赫的人家，一樣是家道中落，和我們的命運很相似。她總是有源源不絕的巧思，勇敢而樂觀。她是虔誠的天主教徒，信仰和樂觀的天性帶給她力量。祖父和爸爸病了之後，她就是我們力量的源頭。她凡事都為孩子著想，試著給我們最好的教育，給我們進步和成功的機會。雖然我的外祖父會打罵孩子，讓媽媽吃了不少苦，但她真的很出色，總是有無盡的創意和勇氣。她跟我一樣，中學都是讀瑪利諾修院學校，做過好多年瑪利諾校友會會長，總是很樂觀，也很受敬愛。她非常寬容大度，懂得包容，更重要的是勇於承擔。

家中財務垮了之後，媽媽從 1980 年開始到煤氣烹飪中心工作，後來成為很受歡迎的烹飪名師。上過她課的主婦們都說，我媽媽把生活哲學和常識融入烹飪。她也在花園道的女青年會（YWCA）開課，積極支持 YWCA 的各項理念。她煮的菜很有創意，在我眼中，她掌握到人性的精髓，我希望自己身上也有同樣的特質。

媽媽病了很多年，在 2016 年 2 月 14 日過世了，雖然沒有出生證明，但享年應該是 96 歲。她過世前有好多年都沒辦法跟我們溝通，也許聽得到一點聲音，可是沒有反應。我很幸運，在她臥病之前，與她有過好幾次深入的母女交談，真的非常感恩。有人說我媽媽不切實際，但她從小所受的教育，本來就不是為了做職場女強人的，只不過當苦難來臨，時勢所逼，她就勇敢地面對困難。我爸爸比她早 15 年去世，死前很長時間都是植物人。由衷感謝香港老年醫學權威暨心臟及腦科專家謝勝生醫生，我父母都是他一手照顧的。

有些事我媽媽或許會犯糊塗，但她很有見地，堅持要讓孩子接受良好的教育。我在英國讀書的時候，她來過好幾次。第一次是她和爸爸帶我去寄宿學校報到，我有張很珍貴的照片，是剛到倫敦的時候，爸媽和我在國會大廈外面拍的。我從英國的學校回家，媽媽見我瘦得不像話，非常焦急。而在我取得歷史系學位回港的時候，她要我去做老師。讀歷史，除了做老師還能做什麼？不然就做記者。可是她並沒有迫我，而是讓我跟隨自己的心意去做，我要去美國紐約開始新生活，她也沒開口反對。後來我開始做珠寶生意，她覺得很光榮。我在文華酒店工作第一次領到薪水時，買了件珠寶給她，是一枚藍綠色的寶石戒指。媽媽從來不為自己花錢，這是我給她的一點心意，表達我對她的愛和感謝。那枚寶石戒指花了我 3,000 多港幣，而當時我的月薪只有 4,000 元，是跟文華酒店一間店舖的陳太太買的。後來

初到倫敦，爸爸和我在國會大廈前合照。

在我研究怎樣把半寶石鑲在鍍 18K 金的純銀上時，她的女兒陳祖泳（Joanna）幫了我大忙。這加工程序需要精細的金工手藝。事實上，在文華工作為我解答了人生的許多課題。

Return to Hong Kong
重回香港

世界上有三個地方，我對它們的感情特別深，其中兩個在香港：一個是中環，是我事業的重鎮；另一個是灣仔，那是我家數十年的基地。第三個是紐約曼克頓中城，我在這裡找到了自己日後要走的路。

在英國讀了那麼多年歷史，剛回到香港時，我真的不知道自己要做什麼。做老師嗎？我沒興趣。可是以我受的教育又能做什麼呢？在意興闌珊地做了一陣子記者之後，我來到文華酒店當起了公關助理。

文華酒店建於皇后行舊址，這個地方不久前還是維多利亞港的港邊。原本這裡要興建現代版的皇后行，但當時怡和洋行的「大班」曉格．巴頓，做了一個非比尋常但明智的決策，就是在這裡建一座一流的酒店，這是當時的香港島所欠缺的。這塊地如果建成辦公大樓，賺的錢會更多，但巴頓很有遠見，他看得出香港需要一間五星級的國際酒店。這個決定影響非常深遠。

1963年文華酒店開幕，樓高27層，是當時英治香港最高的大廈。文華的業主怡和洋行和置地公司，打從一開始就下定決心，一切必須採用最高標準。當時香港最好的酒店是半島酒店，位於維港對岸的九龍，而香港島上還沒有國際級的酒店。

文華的內部裝潢可以說不惜工本，每間客房都設有浴室，是亞洲首創的。從酒店的名字就看得出，業主的雄心是要展現優雅獨特的亞洲風格。《財富》雜誌就曾把文華列為全球十家頂尖酒店之一，我在這當中也扮演了一些角色。

在文華，我的老闆是瑪姬·克里斯森（Maggie Christensen），我是她的助理，隨時候命。瑪姬是英國人，先生是個軍官。她對香港的了解很有限，對中國所知也不多，我要隨時支援。我很幸運，認識了很多重量級的客人和貴賓，服務過英國名作家格雷厄姆·格林（Graham Greene）和約翰·勒卡雷（John Le Carré），電影導演大衛·連（David Lean），划獨木舟橫渡南太平洋的探險家索爾·海爾達（Thor Heyerdahl），還有女高音瑪麗亞·卡拉絲（Maria Callas）及男高音史帝法諾（Giuseppe di Stefano）等等，不勝枚舉。我的職責就是提高警覺，彈性應變，適時發揮作用。不論是帶貴賓去摩羅街買古董，或是到港口逛一圈都一樣。尼克遜總統跟他的老朋友彼比·雷博佐（Bebe Rebozo）來住過兩次，我帶著他們逛中環。尼克遜對我印象非常好，甚至要我去美國工作。不過大概同一時間，另外有人邀

入住文華的賓客可謂眾星雲集，左起為總經理彼得．史岱福（Peter Stafford）、女高音瑪麗亞．卡拉絲、男高音史帝法諾夫婦和我。

我去美國工作，結果證明後者的機會更好。

出國八年再回到香港，意味著我必須調節，讓自己適應新的生活方式，一種我不再熟悉的生活方式。我想念英國的博物館和展覽、音樂和舞蹈表演。在倫敦和歐洲各大城市，這些都是垂手可得的。讀了好幾年英國和歐洲的中世紀歷史，我對中國歷史文化的知識只比十多歲在香港讀中學時稍微多一點。

但我在回香港時，就已經打定主意要好好了解自己的文化傳統。我想得很清楚，決定透過藝術、古董和文化去了解中國的歷史。

這時適逢 1970 年代，中國實行改革開放政策，各種前所未見、前所未聞的古畫文物開始進入香港市場。

中國的藝術品從 1970 年代早期開始，透過澳門和其他途徑慢慢流入香港市場。那時我對中國藝術形式的了解還很粗淺，決定在經濟可負擔的範圍內盡可能收藏多一些。摩羅街和荷李活道有很多古董店和古董攤子，我常在那一帶流連，看到吸引我目光的藝術品就買下來（那時候的古董，就算是我也買得起），並且學習相關的背景知識。經驗老到的收藏家常在那一帶出沒，特別是週末的時候。我常跟在他們身後，也有一些跟我一樣有興趣、肯學習的收藏者，想了解並且學會欣賞孕育出這些古董的傳統和歷史。

我決定把買回來的珠子和其他飾物改頭換面，重新組合，用來裝飾珠寶，做成平日可以佩戴的飾品。我希望這些飾品看起來有現代感，能搭配時裝穿戴，而且是有生活感的，能為日常增添色彩。為什麼要將這些美麗的歷史文物藏在玻璃古玩櫃裡，或讓它們睡在繡花盒中，而不是每天戴在身上呢？現在回想起來，這應該是讀歷史必然有的反應吧。我的工作就是為飾品賦予歷史和學術生命，讓它們變成有創意的設計。而這份工作也讓我可以逃避幾乎別無選擇的命運——去當研究員或老師。

當時在香港市場上出現的東西都是真正的上品：商周的青銅、

玉器或半寶石雕刻，還有兩漢、魏晉南北朝一直到唐朝的陶俑。想像一下，能收集到年代相近、品質也不輸給紐約大都會博物館、大英博物館、倫敦 V&A 博物館等代表性博物館的館藏，那是多難得的一件事啊。

這些東西是從哪裡來的呢？顯然是被人偷偷從中國帶出來的。但它們到底怎樣來、怎麼越過邊境，摩羅街的賣家就算知道也不會說。特別吸引我的是那些小飾物——帶有銅綠的精緻金屬飾品，有些表面上還留有黃金的痕跡；精雕細琢、小巧的玉石、瑪瑙、水晶、綠松石和顏色寶石的雕刻，第一次在古董市場一批批出現，後來我才知道那不是綠松石，而是天河石。它們依然閃閃發亮，和鍍了金的青銅器一起當作陪葬品。令人稱奇的是，它們全都有完整的銅綠覆蓋著，那是歷經歲月的證明。這些陪葬品一般狀況都很好，是名副其實的「永恆的飾品」（Adornment for Eternity）。（這是人們對香港收藏家盧茵茵及其丈夫朱偉基在 1973 到 1990 年之間的收藏——「夢蝶軒藏」的讚美。）

我的預算很有限，但每逢星期六早上或中午過後，我都會在摩羅街和荷李活道的店舖及攤位之間來回搜尋，急切地等待新發現。找到了之後，我會馬上翻查書籍和資料，將週末餘下的時間全用來閱讀和研究我的新發現，然後再決定買不買。通常我會在星期一或星期二做決定。我會跟一小撮同好分享資訊，他們也常在那一帶一遍又一遍地來回搜尋。我們尋找經驗豐富的收藏家，或是願意慷慨分享知識的學者，聽他們的教導，不斷纏著他們問問題，用學術研究的方式來討論。我們這個收藏家小圈子包括有邵逸夫的姪子，總是樂於分享的邵維錫，以及博學多才的關善明和屈志仁。

屈志仁當時在香港中文大學教中國歷史，他説話帶有牛津口音，博學多聞，很樂於跟我們分享知識。後來他去了美國，先是在波士頓博物館擔任中國文物部門的主管，後來又到大都會博物館擔任高級策展人。每有頂級的稀世珍品出現，他總是第一批察覺的人。他為大家解説最新的研究，也常為大家增進中國玉器及其他文物的知識。我記得在英國讀大學的時候，我會去倫敦的維多利亞與艾伯特博物館，欣賞那匹冠以收藏家姓氏、著名的尤莫弗普勒斯（Eumorfopoulos）漢代陶馬，回港後我在摩羅街搜尋，也發現了品質相近的古董。

因為這樣，我一直跟隨那些積極的收藏家，他們對古董的豐富學問正是我所欠缺的。另一方面，我又積極學習與珠子和半寶石雕刻有關的知識，想將它們變成可以佩戴的飾物。我想如果能把毫不相關的歷史文物串在一起，應該會很有趣亦很創新。我的週末就是這樣消磨掉的，我通常會在摩羅街走動，多半是單獨行動。也有別的收藏家會在一旁伺機而動。身為新手，我很慶幸自己沒受過古典傳統的訓練，所以沒有包袱。正統的訓練非常重視每件文物本身的價值，但我沒受過這樣的訓練，也不懂怎樣評估，我感興趣的就只是怎樣才能讓它們顯得有現代感，適合佩戴，讓它們變成日常生活的一部分。將不同時代的飾品混搭在一起的時候，看起來一定要和諧。而在當年，這樣的一件飾品成本平均不超過 1,000 港元。我記得有一年聖誕節，我買了 15 塊圓形白玉璧，當作聖誕禮物，每塊只是 100 到 150 元。同樣的東西現在可值不少錢呢。

這是一個好機會，讓我藉此認識另一個時代的日常用品。它們每一件都是精雕細琢的上乘工藝，是收藏家和古董業者眼中的藝術精品。這時候我才恍然大悟，其實它們承載著中國的文化傳統、工藝技術、創意和藝術成就，是文明的象徵。我尤其感興趣的是各種半寶石做成的小雕刻——除了玉器，主要還有瑪瑙、綠松石、天河石、青金石和水晶，當然亦少不了軟玉。中國人用玉和半寶石製作裝飾品已經有幾千年的歷史了，要學會分辨各種不同的玉及半寶石（以及哪幾種比較罕見，哪幾種比較有價值）需花不少時間。

古董市場上這些東西都不貴，部分是因為懂得鑑定這些文物年代的人並不多。要判斷年代通常要先知道文物出土的地點，但這些訊息盜墓者一般是不會透露的。我拿來做項鏈和吊墜的古文物可是有二至五千多年的歷史呢。

這真是美麗果敢的新世界，不時有新的發現，而透過日常用品了解中國文化，更為歷史這門學問開創了一片新天地。現在中國學術界甚至把它劃分為考古和研究兩個專業，出土文物往往會留在研究機構內幾十年，除非博物館有興趣、願意展示。我到現在還清楚記得，當初是經過多麼辛苦的角力，才把放在浙江一所研究機構的良渚文物移到附近新開幕的上海博物館。上海博物館希望能保存這批文物，並將它們當作浙江地區 5,000 年文化的代表來展出。但在當時能從歷史、技術和藝術角度來理解這批文物的人還不多。正因如此，就中國和世界各地專家如何解讀全新出土的文物，還有很大的發揮空間。

過去 70 年，這些文化寶藏的出現改寫了中國的社會、經濟和藝術史。我說的不是那些有詳盡文字記載、由皇室和王公大臣保存的古文物，也不是大英、紐約大都會、東京根津美術館、台北和北京故宮這一類世界級博物館的館藏，而是那些在 1970 年代透過「私人途徑」來到香港和澳門的新出土文物。

後來我對中國的瓷器和其他古董也產生了濃厚的興趣，吸收了不少知識，算得上懂得欣賞它們的美和價值。1972 年，我在文華酒店 25 樓的駱克廳安排了一場重要的會面，與會者是倫敦蘇富比中國藝術品部負責人朱湯生（Julian Thompson），以及知名的中國瓷器專家，也是重量級收藏家暨藝術品經紀人仇炎之。他們在前往東京參觀明代青花瓷特展途中停留香港，我跟他們會面，催生了蘇富比在香港的第一場拍賣會。

1973 年，拍賣會在文華酒店二樓的港灣廳舉行，我非常雀躍，這對酒店來說絕對是大好的曝光機會。這是一場歷史性的盛會，一隻明成化年間瓷碗的成交價格，創了明代瓷器拍賣的世界紀錄。那隻碗在拍賣台上被高高舉起，讓大家看清楚的景象，到現在我還記得。

對我來說，這不只是一場公關盛事，讓文華成為全球矚目的焦點，更重要的是，香港作為中國藝術品交易和拍賣中心的角色踏前了一大步，對後來的發展意義重大，影響深遠。

Off to New York
前往紐約

我透過文華的董事會主席利孝和認識了一位貴人，後來成為了好朋友，他是占士・林恩三世（Jim Linen III）。占士擔任過時代公司總裁和董事會主席多年，當時是公司的執行委員會主席。他待人非常和善，平易近人，慷慨大方。他很尊重人，會讓你覺得自己很受重視。他給我的第一印象非常親切，這種氣質在高級美國企業主管身上是很不尋常的。他有兩個兒子，後來都和我的兄弟成了好朋友，我們全家都很珍惜這份情誼。

占士的父親曾在中國傳教，跟《時代周刊》創辦人亨利・路思義（Henry Luce）的爸爸差不多同一個時期。占士很喜歡泰國，途經香港的時候常住在文華酒店，那時我會幫他辦點雜事，他也很照顧我。這對我是個絕佳的機會，也是很好的訓練。感謝親愛的占士和他的家人，因為他們我才慢慢認同美國人的價值觀，認識美國是一個偉大的國家。像占士這麼有成就的美國人通常有一種樂善好施的精神，而且平易近人，能讓晚輩放下戒心，受到鼓勵。

有一天占士忽然問我：「想不想去紐約工作？我們可以幫你在公關部門找個職位。」我嚇了一跳，不過當然立刻把握住機會：「有何不可？」要拿到工作簽證並不容易，但最後我拿到了，附帶條件是每六個月要出境一次。後來我開始創業，有了自己小小的珠寶生意後，這反而是一大好處。

就這樣，我來到紐約。我真的很幸運，如果沒有這個轉折點，我的人生一定會截然不同，也不可能成為現在的我了。當時的美國機會無限，也有無數的挑戰、嶄新的機遇和實驗，鼓舞著你去把握、去發展、去克服。

我真心感謝占士和他的家人，以及我所認識的每一個友善、包容的人，因為他們，我開始信任美國這個國家，認同美國社會。我一輩子都會記得林恩一家人，對他們心懷感激。占士帶我去他在康乃狄克州格林威治的家，他家有一大片房子，我在那裡認識了他的三個兒子和兩個女兒。這趟旅行讓我眼界盡開，我永遠不會忘記他第一次邀我去他家吃聖誕大餐的情景。整個家族的成員都到齊了，總共 24 人，個個都穿著正式的禮服。他們按照傳統方式過聖誕節，和我們在香港過農曆新年沒什麼分別，這令我印象非常深刻。每個人都要說一段話，所以花了很長時間還沒說完。

這是我第一次踏進美國人的家，深深覺得它跟我在英國觀察到

利孝和與占士．林恩三世，他們都是開啟我人生新一頁的貴人。

的不一樣。從這兩個國家都看得到西方「舊世界」的價值觀，但美國人表達的方式卻很不同，溫暖得多，非常熱情。在占士身上，我看到美國人的優點。

我常在時代公司紐約的辦公室看到占士。他非常照顧我，當然他是在 48 樓的總部，而我是在底下的樓層。不過其實我沒有固定的工作：先是被安排到電視紀錄片單位，後來又調到公關部門。最後，我被編入創辦人的兒子漢克．路思義（Hank Luce）的手下。他在英國倫敦有棟房子，就在布魯克街美國大使館附近的轉角。因為我每六個月就要出境一次，有一次我就去了那棟房子，他太太很喜歡我。我在他家的時候，聽到《財富》雜誌要派一個攝影師去香港半島酒店採訪，就央求編輯也順便去看看文華酒店。「給文華一個機會嘛。那家新酒店很棒的！」

我不斷鼓吹，最後這份建議變成了一篇很有力的專訪。《財富》雜誌稱讚文華為「全球十大最佳旅店之一」，大大抬高了文華的知名度。

我向來相信所謂的「機緣」。機會是可遇不可求的，我們要怎麼努力才能擁有那個福份，或是説碰到那個福份呢？我去紐約的時候，身上只帶了一點錢、一袋古老的金屬及玉雕飾品。我未來的路就從這裡開始。我在許多方面都很幸運，在合適的時候來到合適的地方。我精力充沛、想法很多，充滿希望，而且樂觀進取。紐約市的活力帶給我許多靈感，讓我設法把所有的技能、興趣、夢想結合在一起，開創自己的未來。

我賣給卡地亞（Cartier）的系列作品，是利用零星的舊飾物重新鑲嵌而成的。我很快就發現懂得欣賞這類作品的人有限。而且坦白説，我真捨不得把辛苦搜集回來並重新設計的收藏品賣掉。所以我一邊在時代公司工作，一邊開始設計半寶石的新作品，目標是把彩色的多元美感發揮於珠寶中。

那時候的我總是背著個袋子，在紐約到處兜售我的作品，裡面也包括半寶石飾物。當時我住在公園大道的一棟公寓，屋主叫貝詩卡（Babushka），是個保加利亞女士，我跟她還有她的男朋友艾迪．漢德（Eddie Hand）是以前在文華酒店認識的。艾迪是底特律人，個性很豪爽，出手非常大方。貝詩卡很漂亮，是個中歐美女，髮色深啡，皮膚白皙，身材高挑，曲線玲瓏。她對我很好，正巧她在公園大道有一間小巧而且交通便利的公寓，是艾迪買給她的，不大，只有兩個房間，但在公園大道和 57 街交界啊！有一天她搬出公寓，跟艾迪一起同居，對我說：「妳就住在這裡吧。」我就這麼住下來了。有六個月的時間，每天我徒步上班的時候，就邊走邊想：「我該怎麼做，才能提升現在的生活？」

在時代公司工作讓我擴闊了眼界。雖然我的工作量只是零零碎碎，但卻可以看到真正的大媒體是怎樣運作的。他們還派我去伊朗出差，那真是一趟美好的旅行。《財富》雜誌會為美國重要企業家安排豪華旅行，那次去伊朗，我就是作為一個企業總裁的助理兼幫他提公事包。旅途中有很多驚嘆，怎麼會有那麼多私人飛機啊，我這輩子還沒見過這麼多魚子醬呢。但那一次我學到了很多，知道這些大企業家的生活方式，日後證明是很有用的。我又得承認，我在波斯古都波斯波利斯的時候，從地上拾起了一小塊石頭塞進口袋。那次旅行，我從歷史而不是從設計的角度來看待一切，我的設計生涯當時還未真正開始呢。

回到紐約，走在街頭，我的眼光還是盯著第五大道的櫥窗，目不轉睛地看著櫥窗內那些只有極少數人才買得起的黃金珠寶或昂貴的鑽石。離開那幾條知名的大街後，也有一些陳列平價商品的櫥窗，這裡的仿製品和人造珠寶比珍貴的寶石更普遍。肯尼斯・萊恩（Kenneth J. Lane）是時尚珠寶設計的領導品牌，用染色玻璃鑲在基本金屬，因為他知名度高，珠寶的售價也不低。

當時在人造素材和昂貴的珠寶中間，沒有折衷的選擇。我對自己說，市場上需要輕鬆一點，且不那麼昂貴的商品，但也不能用人工的石頭。看起來比較「真」的商品在市場上當然還是有一席之地的，譬如用天然石頭等素材做成的飾品，因為顏色多、容易吸引顧客，而且容易搭配，價錢也比較平實。

西方人對珠寶以及它作為裝飾品的角色，看法與亞洲人很不同。亞洲人參加晚宴的時候，會刻意打扮，戴上最精美的飾品，但西方人不常這麼做。他們就算穿上昂貴的衣服，也常只搭配鑲了玻璃珠的非貴重金屬項鏈，我覺得這個習慣要修正一下。看得出來紐約人很喜歡精緻的珠寶，但即使在紐約，基於安全等考慮，那時候人們也沒有佩戴貴重飾品出門的習慣。

美國人喜歡飾物，但珍貴寶石很昂貴，所以珠寶都鎖在保險箱裡，婦女既沒有時間，也一般不會想到要拿出來戴上。亞洲人佩戴珠寶的習慣很不一樣，就算只是去參加生日派對，你也會為項鏈配上一個玉墜子或是小巧的名貴珠寶。在印度、馬來西亞、泰國及中國的傳統文化中，珠寶都有很深的意涵。它是日常生活的一部分，而我想引入西方的就是它所扮演的日常角色。要做到這一點，飾品設計要有一個全新的方向。

早從遠古時代開始，人們佩戴飾物就不僅僅是為了裝飾，更是地位的象徵。因此我想，我手上這批獨特的文物，佈滿了銅綠，古色古香，充滿歲月的痕跡。這些來自古老歲月的古董，我何不將它們重新組合，賦予它們新的生命與意義？

將古董重新排列，組成和諧而且易搭配的作品，這就是我的第一個系列。我喜歡天然素材，不想戴人造珠寶。第二個系列以半寶石為主，當時也採用了象牙。我看中香港的象牙雕刻技術，利用師傅成熟精緻的雕工來雕刻顏色寶石。第一個系列，我用皮革或編織的手繩來掛吊墜。我一向強調吊墜，因為它看起來比較沒那麼古板。我設計了一套編繩的方法，用繩結收尾，所有的結都是參考傳統旗袍或背心的盤扣手編而成的。

當時的我真是鬥志高昂，因為我面臨生存的挑戰，要做出成績，開闢一條新路。我拖著裝滿作品的袋，走遍紐約大街小巷，這樣的生活持續了一段很長的時間。有次我與香港服裝設計師譚燕玉談起這件事，她說她也曾經這樣走了好多年。需要慰藉和充電的時候，我就會在第五大道的聖巴德利爵主教座堂歇歇腳。

我沒受洗，但一生讀的都是教會學校，我是相信神的。

我讀過這樣一段話：創意不完全靠努力，但也不是碰運氣，最重要是專注。對於無法刻意追求的東西，我們要怎麼找呢？英國文學家霍勒斯．渥波爾（Horace Walpole）在 1754 年時受到《塞倫狄普三王子》（*The Three Princes of Serendip*）的啟發，發明了英文新詞「serendipity」，中文可稱為「機緣巧合」。三個來自塞倫狄普（今斯里蘭卡）的波斯王子，有著超乎常人的觀察力，渥波爾認為這個古老的故事點出了「天才」的關鍵所在：「王子殿下一路走來，不斷有新的發現，有時是不經意的，有時是靠他們的洞察力，但他們從來不刻意追求。」他想說的是，所謂的機緣巧合其實是一種技能，而不是單純的碰運氣。

那我們能不能為自己創造機緣呢？一般人可能會認為機緣就是感知的能力，靈機一觸，由此發展出多個有望實現的夢想，你要掌握它、駕馭它，將它轉化成具體的新計劃。但對我來說，所謂「機緣」卻是一個出自直覺的意念，或是一個有待修正或進一步發展的念頭，兩者結合，賦予全新的包裝和意涵。

我衷心感激那些為我張開雙臂、給我機會的人，更感謝美國的制度。除了美國，還有哪個地方，只要在頂級名店前排隊，總經理就會見你呢？但在那個年代，這是再平常不過的事。遺憾的是，我和卡地亞就只合作了那麼一季。卡地亞轉了經營者之後，就只出售巴黎總部的設計。但也因為這樣，我才有機會打造出自己的顏色寶石系列，這個系列後來在市場上帶來創新的影響力，也為我闖出了名堂。

在這同時，我的朋友陳祖泳給了我很大的幫助。她的家族在文華酒店夾層的商場開了家珠寶店，我請她協助我實驗，看看嵌了半寶石和象牙的純銀飾物在市場上反應如何，後來還試了鍍18K金的純銀首飾。我針對西方市場設計的「國際」款式，用了象牙和半寶石雕刻，由工匠將它們組合、加工成特殊的形狀。我最早期的一些系列作品當中，有很多配件是用金線固定位置，這並不是傳統的工法。另外，我在中國及中亞旅行的見聞也給了我靈感，設計出融合了繩結意象的扣環。這種扣環我用了很多年，後來變成我的招牌特色。

「對這些獨一無二的玉石、綠松石和青金石不聞不問，又有什麼益處呢？」我這樣想著。傳統學者通常會隆重其事地把古文物從繡花布包裡拿出來，跟志趣相投的收藏家分享相關知識，然後再把東西放回盒子，闔上蓋子。但我說，「我不要這樣做。我要讓這些東西變成我日常生活的一部分。」

就這樣，我帶著那些顏色寶石——當中很多是南美來的，也有部分是東南亞產的——開始進軍香港。我成功地找到了熟練的雕刻師傅，幫我處理這批半寶石，那些雕刻舖大多都在中環威靈頓街一帶。我先試了南美進口的紫水晶和紅瑪瑙，還有阿富汗的天青石。後來我改用在香港珠寶展上買到、還沒切割的寶石，加工做出我設計的花樣。

我將第一塊石交給雕刻師傅的時候，還不知道要賣給誰，只是單純地想，既然當時市場上還沒有這樣的珠寶，它們在曼克頓中城應該行得通吧。我請雕刻師傅用他們熟練的雕工刻出繁複的造型，例如環或套環狀之類。古老的雕刻工法做出來的造型讓紐約人驚嘆不已。那時候保育的觀念還沒有這麼普及，因此我偶爾也會用一些象牙，但現在已經有好多年沒有用了。珊瑚也一樣，以前珊瑚很多，我很喜歡用它來設計珠子和水滴狀吊墜，再請熟悉珊瑚的台灣師傅刻上花草圖案。現在珊瑚礁污染的問題越來越嚴重，價錢又貴，珊瑚上還常常長滿白斑。氣候變遷和污染對我們的環境影響實在大啊。

把雕刻後的象牙和半寶石做成富有現代感的新款式，有別於人們以往熟悉的佛教印象或其他傳統的標誌，打開了珠寶設計的新一頁。佩戴護身符作飾品是西方人的傳統，於是我借題發揮，做了一個凱爾特十字架（Celtic cross），一條有銀色尾巴的魚，各種不同的心形飾物，還有一些明代式樣的兩三層象牙套球，內層是可以靈活轉動的。象牙套球是中國工匠炫技的作品，我總是用嶄新的方式來詮釋傳統造型和技藝，然後再注入一些現代感。護身符價錢不貴，顧客可以一個一個慢慢買，過一段時間就能收集好幾個組合。我總是給護身符加上顏色石珠子或珊瑚，增添一點色彩。珊瑚這種素材早在 18 世紀甚至更早之前就是歐洲珠寶偏好的一種元素了。

沒多久我就有了一小群熱情的粉絲，但我還是要設法拓展出更多客路。我全速向前，努力打造了一個大眾化的、價格相宜的珠寶系列，以職業婦女為我的目標客群。

紐約的生活節奏和模式讓我意識到，市場上需要飾品化而且能與時裝搭配的珠寶。它必須採用天然素材，顏色豐富，更重要的是一般人能負擔得起。我之所以能找到這撮小眾，是因為我仔細觀察了紐約婦女的生活方式、品味和需求。我將這個發現和香港工匠的雕刻技術互相結合，因為他們精湛的技藝，我才能把這個帶有我個人風格、獨一無二的珠寶系列付諸實現。我想，大學時讀歷史也有助我觀察紐約、洛杉磯、侯斯頓等美國大城市的社會脈動、人們的品味和行為模式。

當然，市場不見得會接受這樣的商品，這在許多方面都是瘋狂的新嘗試，但是它的確成功了。我真的很感激美國，是美國讓一切成事的。這個國家對新事物的追求近乎狂熱，我懷疑如果換成在歐洲或是英國，會有哪個機構有所謂的開放日，允許賣家在門口排隊，展示自己的商品；而買家也願意看賣家的作品，給他一個成為幸運兒的機會。事實上，這種做法對雙方都有好處——賣家有機會表現，買家也敞開大門，有機會看到更多樣化的商品。

我搬離公園大道貝詩卡的公寓，搬進另一處地址，但一直沒離開過公園大道，而這一切都要感謝伊麗莎白．雅頓（Elizabeth Arden）的美容師巴比羅．曼佐尼（Pablo Manzoni）。巴比羅幫貴婦解決美顏問題，認識了不少有錢的夫人小姐。他住在公園大道 521 號一個金碧輝煌的大公寓，我租了後面廚房旁邊的一個小房間，住了兩年。搬到這裡也代表我正式踏入紐約社交圈，他們當中很多成員後來都成了我的客戶。

我能遇上好朋友艾爾莎．柏瑞蒂（Elsa Peretti），也是因為她打電話來找巴布羅。艾爾莎在蒂芙尼（Tiffany）做珠寶設計，她是少數能在大英博物館舉辦回顧展的現代設計師之一，在珠寶設計界甚至可能是唯一一人。艾爾莎常來找巴布羅，女高音瑪麗亞．卡拉絲（Maria Callas）也是常客。我運氣真的很好，還跟她們聊過好幾次呢！

多年相交，艾爾莎和我變成了好朋友。她非常慷慨，從 2008 到 2013 年將她在紐約閒置的公寓租了給我。蒂芙尼在上海發表她設計的珠寶系列時，艾爾莎雖然一向不喜歡喧嘩的推廣活動，但也希望死忠粉絲及好友來支持她，包括她在香港的寶石製作商朱氏父子。除了必須發表演說的時間以外，她幾乎都跟我們在一起。後來她來到香港探望我，竟然買了我的珠寶作品！她的頸部很修長，買了三條蝴蝶造型的客旭珠（珍珠讓她想起鍾愛的日本），一次全戴上。

2015 年 3 月，香港設計中心組考察團參觀巴塞隆拿，我是團員之一。那時我就住在艾爾莎寬敞的公寓裡。那是一棟 1930 年代的建築，房間擺滿了紀念品和設計作品，地面還保留著落成時鋪的磁磚，繁複的圖案配合每個轉彎、每個角落精心排列，走在上面真叫人心曠神怡。艾爾莎把飾品和紀念品排列得井井有條，訴說著一個又一個的故事，不但讓人看了賞心悅目，更是對一個品味卓越的女性最高的讚譽。

在巴塞隆拿的時候，我趁機參觀了附近一個 14 世紀的村莊。村子裡有八到十棟房子，都是她辛辛苦苦復修的。能走在中世紀末期的村落，看著一棟棟保育良好、恢復生機的房子，甚至在其中一間過夜，真是一大樂事。

艾爾莎成立了一家小型博物館，展出中國宋代的白瓷、日式屏風，另外還有一些她為蒂芙尼設計的知名作品。艾爾莎的名氣比我大得多，她不但有天份，運氣也好，能得到蒂芙尼的支持。這令我再次確定，一個人能得到別人的認可、能成功，除了要有天份，亦要懂得把握機會。

但諷刺的是，我這一生之所以能成功，得感謝一個來自底特律、背景不明的男人，在黃金地段買了間公寓給女朋友。另外，也得感謝美容師巴布羅，謝謝他把公園大道黃金地段的公寓分租一個小房間給我。每次我去紐約，都會再走一趟公園大道和 57 街交界。它對我意義非凡，給了我一個絕佳的基地，從這裡開始學習、成長。我真的很幸運，要不是他們，我很可能要住在紐約外圍的皇后區甚至更遠的地方。

Building the Business
創業

我的難題是如何讓商店接受我的作品，這次又是占士．林恩幫了我。《財富》雜誌組團帶企業家去伊朗旅行的時候，其中一個團員是占士的好朋友，聯邦百貨（Federated Department Stores）董事長羅夫．拉撒路（Ralph Lazarus）。聯邦百貨旗下擁有布魯明黛（Bloomingdale）、I. Magnin 等多家高級百貨公司，所以我準備好一些半寶石項鏈和耳環後，就去問占士：「能不能幫我看看我的設計？我會很感謝你的。」

「當然沒問題，」他說：「我會打電話給羅夫．拉撒路。」

他真的打了電話，拉撒路先生也很快就回應了，我立刻就接到一位叫露絲．威爾斯（Rose Wells）的女士來電。

她說：「啟妍，你好，我是聯邦百貨的採購總監。我很忙，正要去加州的路上。不過既然是拉撒路先生介紹的，那你就過來我們的總部跟我見個面吧。我只有明天早上 7 點有空。」

我當然準時到。「很有意思，」她說，一件一件看我的作品。「我介紹負責的採購人員給你。」

之後我就跟布魯明黛公司的採購主任見了面，他給了我一點小小的建議。

「你的東西，」他說，「應該進精品市場。」
「你們不買嗎？」我很意外，這樣問他。
「我不買，我只看，和介紹。」他強調。

找買家真是一大挑戰。但最後布魯明黛同意在紐約的店裡先放一批約十多件珠寶試賣。應該是賣得不錯，因為他們又回頭下了一張訂單，而且在另外三家店裡擺了我的珠寶。

波道夫．古德曼（Bergdorf Goodman）、薩克斯第五大道（Saks Fifth Avenue）和布魯明黛是當時紐約三大百貨公司。布魯明黛的採購部門總經理介紹我認識飾品部的主管，飾品部主管又介紹我認識手下的採購人員。採購員其實在香港，我和他是在他下榻的文華酒店房間裡見面的。

我給他看我的作品，他每一款都訂了一些。一般來說，採購人員會從10到12個款式當中挑6到8款，組合成一季的系列商品。他們會先在一至兩家店裡試賣，如果賣得不錯，就提高到五家，然後再慢慢增加。他們跟我買的第一批商品是鑲了半寶石的象牙墜項鏈，零售價一般是我賣給他們的批發價乘以三倍。

我成名之後，在尼曼（Neiman Marcus）和波道夫·古德曼賣的作品，一件可以賣 400 到 1,000 美元。因為布魯明黛只在紐約都會區才有門市，所以我並不積極經營。反倒是遍佈全美的尼曼後來變成了我最大的客戶，1978 年成功打進尼曼是我的幸運。

尼曼的總部在德州達拉斯，旗下共有 35 家門市，是當時家喻戶曉的名店。它是連鎖百貨界的明星，賣的都是高級的奢侈品。董事會高層史丹利·馬卡斯（Stanley Marcus）是個傳奇人物，他年輕的時候親赴遠東收購中國古董，再帶回美國，在店裡成立了中國商品部。我第一次跟史丹利見面是在文華酒店，他來香港採購商品。後來我開始推出自己的珠寶和飾品時，給他看過我的設計，他很欣賞，並介紹他們的採購人士給我認識，最後買了我的一些作品。我擠進美國第一連鎖百貨了，真棒！

我興奮極了，滿懷期待來到尼曼的達拉斯總店，心想店裡一定高高掛著我的名字，可是我的商品卻一件都沒擺出來。我問原因，他們跟我說：「我們不知道應該擺在哪裡。珠寶分真、假兩類。可是妳的兩種都不是。」

經過多次討論，九個月後尼曼決定成立處於兩者之間的半寶石部門。薩克斯第五大道和 1980 年代倫敦的哈洛德百貨（Harrods）都有同樣的情形。這些百貨公司相繼成立半寶石部門，我可算是功不可沒。我覺得這是我對珠寶業界最大的貢獻，催生了一個新類別，不久後還成了珠寶設計的主流，這實在很光榮。

商品如果不能擺在百貨公司，就不能好好展示，也無法大量銷售，也就是說我被分類問題困住了。對店家來說，半寶石還是一個全新的概念，有必要清楚地介紹這個類別並且大力推廣。一旦開始介紹，它就紅起來了，「一般人也負擔得起的奢侈品」應運而生。現今在零售業界，半寶石已經是主流類別，涵蓋了許許多多的產品。一般人也負擔得起，這就是我的目標，想做出有型有款、有藝術價值，價格又相宜的設計。

如果你問我，這輩子做過最重要的事是什麼，或許就是這個了。它開啟了珠寶的中間路線，百貨公司也發現，我重新組合和設計的古典系列有點曲高和寡，但半寶石系列則既普及又容易配襯衣服。

當時最有影響力的時尚編輯蘇絲·曼格斯（Suzy Menkes）為我的作品寫過一篇報導，刊登在 1992 年 5 月 7 日的《國際先驅論壇報》（*International Herald Tribune*）。她在報導中形容我是「先驅」（a pioneer），開創了珠寶設計的新路向，可望改變世界。

半寶石天然、色彩繽紛而且負擔得起，這就是我看到的面向職業婦女的市場，當然也適合其他女性佩戴。例如美容專家雅詩·蘭黛（Estée Lauder），憑她的財力，她要什麼都買得起，但她也是職業婦女，她說：「出門在外的時候，為什麼還要小心翼翼、吃力地拖著一堆貴重的珠寶呢？」

我的珠寶深受秘書至主管階級喜愛，買不起昂貴珠寶但有品味的女性也很喜歡。如果沒有我這個選擇，她們可能就會去梅西百貨（Macy's）等地方買塑膠或玻璃做的飾品。我為她們提供了另一種選擇，是天然石，而且她們買得起。在許多都會中心，特別是紐約、德州的侯斯頓和加州的洛杉磯，也有不少女性行政主管鍾愛我的設計。

我的設計深入人心，理念也為許多人接受。1983 年我的商品進入波道夫·古德曼，這個只有一家店舖的精品專賣店位於紐約第五大道，是百貨業界的最高殿堂，要躋身其中是難上加難的。不僅是珠寶業，我亦是所有領域當中第一個亞裔設計師進入波道夫·古德曼，多讓人激動啊！我的作品在那裡賣了十年，有自己的獨立櫃位，後來因為管理層變動，加上當時多數商店改用寄賣制度，我才離開的。

至於人脈，最重要還是和採購人員的關係。高層經理、採購經理可能會給你一些建議，但真正的生意往來，選什麼其實是採

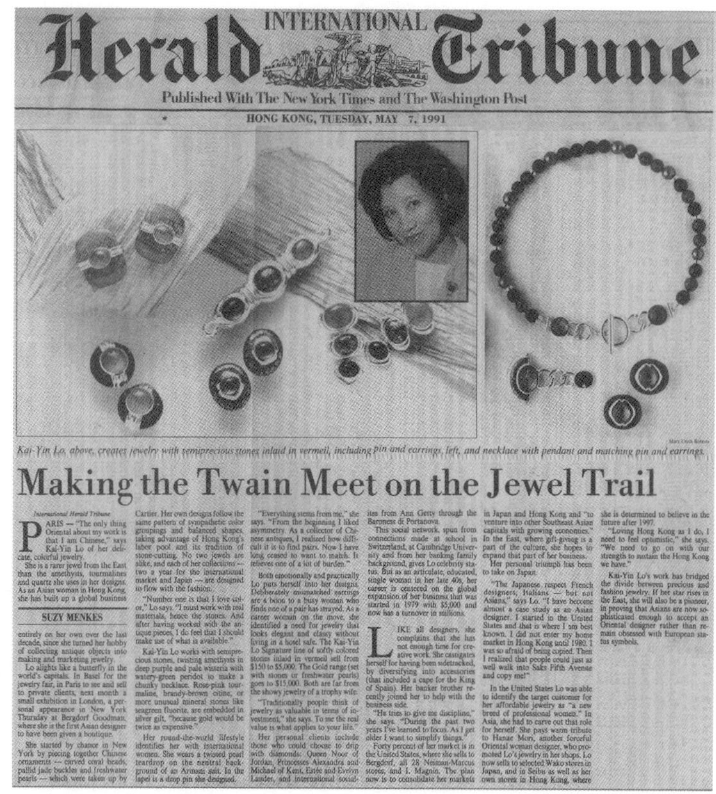

INTERNATIONAL Herald Tribune
Published With The New York Times and The Washington Post
HONG KONG, TUESDAY, MAY 7, 1991

Kai-Yin Lo, above, creates jewelry with semiprecious stones inlaid in vermeil, including pin and earrings, left, and necklace with pendant and matching pin and earrings.

Making the Twain Meet on the Jewel Trail

International Herald Tribune

PARIS — "The only thing Oriental about my work is that I am Chinese," says Kai-Yin Lo of her delicate, colorful jewelry.

She is a rarer jewel from the East than the amethysts, tourmalines and quartz she uses in her designs. As an Asian woman in Hong Kong, she has built up a global business

SUZY MENKES

entirely on her own over the last decade, since she turned her hobby of collecting antique objects into making and marketing jewelry.

Lo alights like a butterfly in the world's capitals. In Basel for the jewelry fair, in Paris to see and sell to private clients, next month a small exhibition in London, a personal appearance in New York Thursday at Bergdorf Goodman, where she is the first Asian designer to have been given a boutique.

She started by chance in New York by piecing together Chinese ornaments — carved coral beads, pallid jade buckles and freshwater pearls — which were taken up by Cartier. Her own designs follow the same pattern of sympathetic color groupings and balanced shapes, taking advantage of Hong Kong's labor pool and its tradition of stone-cutting. No two jewels are alike, and each of her collections — two a year for the international market and Japan — are designed to flow with the fashion.

"Number one is that I love color," Lo says. "I must work with real materials, hence the stones. And after having worked with the antique pieces, I do feel that I should make use of what is available."

Kai-Yin Lo works with semiprecious stones, twisting amethysts in deep purple and pale wisteria with watery-green peridot to make a chunky necklace. Rose-pink tourmaline, brandy-brown citine, or more unusual mineral stones like seagreen fluorite, are embedded in silver gilt, "because gold would be twice as expensive."

Her round-the-world lifestyle identifies her with international women. She wears a twisted pearl teardrop on the neutral background of an Armani suit. In the lapel is a drop pin she designed.

"Everything stems from me," she says. "From the beginning I liked asymmetry. As a collector of Chinese antiques, I realized how difficult it is to find pairs. Now I have long ceased to want to match. It relieves one of a lot of burden."

Both emotionally and practically Lo puts herself into her designs. Deliberately mismatched earrings are a boon to a busy woman who finds one of a pair has strayed. As a career woman on the move, she identified a need for jewelry that looks elegant and classy without living in a hotel safe. The Kai-Yin Lo Signature line of softly colored stones inlaid in vermeil sell from $150 to $5,000. The Gold range (set with stones or freshwater pearls) goes to $15,000. Both are far from the showy jewelry of a trophy wife.

"Traditionally people think of jewelry as valuable in terms of investment," she says. To me the real value is what applies to your life."

Her personal clients include those who could choose to drip with diamonds: Queen Noor of Jordan, Princesses Alexandra and Michael of Kent, Estée and Evelyn Lauder, and international socialites from Ann Getty through the Baroness di Portanova.

This social network, spun from connections made at school in Switzerland, at Cambridge University and from her banking family background, gives Lo celebrity status. But as an articulate, educated, single woman in her late 40s, her career is centered on the global expansion of her business that was started in 1979 with $5,000 and now has a turnover in millions.

LIKE all designers, she complains that she has not enough time for creative work. She castigates herself for having been sidetracked, by diversifying into accessories (that included a cape for the King of Spain). Her banker brother recently joined her to help with the business side.

"He tries to give me discipline," she says. "During the past two years I've learned to focus. As I get older I want to simplify things."

Forty percent of her market is in the United States, where she sells to Bergdorf, all 28 Neiman-Marcus stores, and I. Magnin. The plan now is to consolidate her markets in Japan and Hong Kong and "to venture into other Southeast Asian capitals with growing economies." In the East, where gift-giving is a part of the culture, she hopes to expand that part of her business.

Her personal triumph has been to take on Japan.

"The Japanese respect French designers, Italians — but not Asians," says Lo. "I have become almost a case study as an Asian designer. I started in the United States and that is where I am best known. I did not enter my home market in Hong Kong until 1980. I was so afraid of being copied. Then I realized that people could just as well walk into Saks Fifth Avenue and copy me!"

In the United States Lo was able to identify the target customer for her affordable jewelry as "a new breed of professional women." In Asia, she had to carve out that role for herself. She pays warm tribute to Hanae Mori, another forceful Oriental woman designer, who promoted Lo's jewelry in her shops. Lo now sells to selected Wako stores in Japan, and in Seibu as well as her own stores in Hong Kong, where she is determined to believe in the future after 1997.

"Loving Hong Kong as I do, I need to feel optimistic," she says. "We need to go on with our strength to sustain the Hong Kong we have."

Kai-Yin Lo's work has bridged the divide between precious and fashion jewelry. If her star rises in the East, she will also be a pioneer, in proving that Asians are now sophisticated enough to accept an Oriental designer rather than remain obsessed with European status symbols.

能得到《國際先驅論壇報》蘇絲．曼奇斯以大幅版面報導及稱讚，對我的事業有很大鼓舞。

購人員控制的。除非你牌子夠大，否則採購人員絕對是不好應付的，他們個個都有自己的喜好。但要展示作品，沒有比波道夫．古德曼更理想的地方了。後來我終於成功進軍日本市場，也是因為在波道夫．古德曼有個櫃位。

波道夫．古德曼五樓全都是最頂尖的時尚品牌。每次辦服裝展的時候，除非品牌自己也生產飾品，否則他們一定會在店裡找一些來搭配。讓我特別高興的是，他們常採用我的珠寶，顯然歐美的服裝採購很欣賞我的設計。

我的作品不帶民族色彩，我認為這一點很重要，同時用的又都是天然石。我的設計和傳統的歐美設計在文化底蘊上很不同。它既不是中國的，也不完全是「非中國的」。那它究竟是什麼呢？從文化的角度來說，它是個無人地帶，吸引不同階層和品味的人。這是一個非常重要的特色，很多人不一定喜歡帶有濃厚中國風的設計。另外，我的作品易於佩戴，不論是去上班、吃午餐或參加晚宴都很自然。不只女士們，她們的先生也喜歡我的風格。有些知名的時尚珠寶品牌，例如肯尼斯．萊恩（Kenneth J. Lane），他跟上流社會來往，做的卻是人造珠寶。他的作品是時尚珠寶的極致，是我主要的競爭對手。他的商品定價在 50 到 500 美元之間，不過用的都是塑膠或微晶石這類人造材料，而且不是鑲在貴重金屬上。人造珠寶基本上就是用萊茵石、塑膠這些比較便宜的材料，複製貴重珠寶的設計。它們不是新創作，而是複製品。

在和人造珠寶競爭的時候，我的作品無論大小或重量都是問題。人造珠寶很輕，半寶石比較重。我常常要避開赤鐵礦這些比較重的材料，也就是說，我能用的材料很有限。

波道夫．古德曼當時的採購總監叫丹．米路（Dawn Mello）。是她給了我機會，我才能擁有自己的櫃位，甚至創造一個新的珠寶類別。我們還成為了朋友，她也住在公園大道 470 號。在某些時候，我們會需要貴人相助，而她就是我在波道夫．古德曼的貴人。後來她當上了那家店的總裁，之後又去了古馳（Gucci）擔任首席執行官，古馳因為她的改革而得以重生。她離開波道夫．古德曼後，我跟波道夫．古德曼的合作就只持續了三年。他們後來改用寄賣的方式，但我想得很清楚，我不支持這種做法。尼曼的採購人員也了解我的理念，他們看出我作品的市場潛力。但無論如何，打進波道夫．古德曼確實是一大突破，以前沒有任何亞洲設計師辦得到。我能打進日本市場也是因為「Kai-Yin Lo from Bergdorf Goodman」（波道夫．古德曼的羅啟妍）這個名號，單靠「中國設計師羅啟妍」是辦不到的。為了給商品增添華貴的氣息好進軍日本，我還取了個新的品牌名稱，叫 Lumia，希望大家能聯想到「寶石的光澤」。

1980 年代中期生意最興隆的時候，尼曼一年向我買兩個系列的商品，春夏一個，秋冬一個。一個系列包括 20 個款式，每款買 10 到 15 件，價格便宜一點，數量就多一點。薩克斯第五大道的做法也一樣，雖然數量稍微少一點。後來我的商品開始賣去新加坡、日本、倫敦的哈洛德百貨和夏菲尼高（Harvey Nichols），產量也跟著增加，但美國始終是我最重要的市場。

為了促銷，設計師一定要親自到賣場宣傳，面帶微笑地站在櫃台後面。商店進了你的商品，就會要你幫忙做推廣。與顧客面對面接觸，親切地說服他們，的確能大幅提高銷售量。推出新的商品路線，特別是在新季節開鑼的時候，親身接觸顧客及銷售人員是不可或缺的。首先，你要和銷售人員說明你的設計理念及特色，之後再向一般消費者說明。還有誰比設計師本人更適合說明商品特色？這是每季遊戲的一部分。店家答應買某個金額的商品，我就要有所回饋。所謂回饋包括我的時間及付出、親自出席，以及贊助部分廣告。

我盡可能避用代理商，因為零售價通常已經是批發價的 3 到 3.5 倍了。當然我的利潤是包含在批發價裡的。後來波道夫 · 古德曼甚至想把零售價抬高到 3.8 倍以上，可是市場撐不起這麼高的售價。再說，商品價格太高，就違反了我的理念。我的目標是用天然石做出有設計感的飾品，但價格要平民化。

至於我珠寶事業的發展過程，是從 1970 年代末期和布魯明黛合作開始。之後1980年代和精品百貨合作，讓我的事業全面起飛。當時我合作的對象包括有尼曼、波道夫·古德曼、薩克斯第五大道、諾德斯特龍（Nordstrom），還有一些精品店。1980年代中期，我在美國的銷售量達到巔峰的時候，同時供貨給尼曼旗下15家及薩克斯第五大道8到10家分店。因為是高級精品，賣的量都不多，一年最多幾百件。不過就算不多，香港的工場也應付不了。為了滿足需求，我們需把生產線搬到廣東省。

德州的侯斯頓是我生命中另一個非常重要的城市。它是我的第二大市場，僅次於紐約。尼曼在侯斯頓佳樂利亞購物中心（Galleria）的客流真是厲害。後來亞洲協會決定在侯斯頓成立紐約以外的第一個分會。理由是什麼呢？就是因為1990和2000年代初期，侯斯頓人和三藩市、洛杉磯這些地方的人比起來，比較富裕，也比較慷慨大方。美國本來就是消費帝國，但在那個時期，說到出手大方，那可是沒有一個地方比得上德州。德州人愛花錢，雖然氛圍已經改變了，現在還是一樣。以前侯斯頓人會為了吃頓午飯，盛裝打扮，所以我得修正我的觀念，製作符合市場需求的珠寶。我用天然彩石，很容易搭配衣服，他們欣賞的就是這一點。我不知道現在的年輕人會買什麼東西，我最好去找老顧客的女兒和孫女兒談談！很多人都很珍惜媽媽和祖母傳下來的珠寶，我跟他們的下一代也還有聯絡。

我的作品市場向來不大，而且因為風格和價位，也不適合賣到比較平價的市場。美國的零售業發展蓬勃，可是我的珠寶雖然不貴，也沒有便宜到適合在梅西、瑪莎（Marks & Spencer）這類商店銷售。他們賣的是人造珠寶。美國是最開放、最能接受我設計理念的地方，品味高的消費者會欣賞，但即使是這樣，我的作品在當時的美國也還算是小眾。

我撤出波道夫．古德曼是因為他們開始採用寄賣制：我們之間不再有合約，他們不再事先進貨買斷，我得等商品賣出去才拿得到錢。我應付不了這樣的交易模式。我剛創業的時候，商店仍然會買斷商品，沒賣出去就打八折或七折，直到賣出去為止。因為錢已經投進去了，商店就要努力推銷這個品牌。後來百貨公司改變經營模式，商品全部改為寄賣。這樣的遊戲，你是贏不了的。

1980 年代的時候，我每一年都會在紐約和美國的大城市住上幾個月。美國是我最主要的市場，是我推銷和售賣珠寶的地方。其他時間就待在中國，我的珠寶大多是在這裡做的。我也會留在香港，還在這裡開了專門店。1985 年開始，我也在日本到處奔走。我花了很長的時間，差不多有十年吧，才成功打進日本市場。

我之所以能成功，一個很重要的原因是美國社會重量級人士的支持，在紐約、在德州都一樣。對他們來說，我是香港華人的背景不是缺點，因為他們根本不在乎，只是單純喜歡我的作品。

我在早期的事業中得到許多重要客戶的支持，威廉．藍道夫．赫茲二世（William Randolph Hearst Jr.）的太太奧斯丁（Austine）是其中一位。威廉是傳媒大亨，電影《大國民》（*Citizen Kane*）就是以他父親的故事改編的，他建立了一個報業帝國，也在聖西門建了著名的赫斯特城堡。奧斯丁是時尚界的指標人物，而她先生則非常慷慨、有愛心。許多人認為威廉很軟弱，但我卻覺得，在經歷過他爸爸那樣的事故之後，任何人都需要非比尋常的勇氣才能活下去。他總是說「爸爸說過這樣、爸爸說過那樣」，生活在爸爸的陰影之下，但還是那樣的善良、充滿了愛心。奧斯丁是典型的南方淑女，總是堅定地支持他。她是 1980 年代的時尚指標，我在美國的事業能成功，她的支持和認可絕對是有幫助的。我們的友誼一直持續到 1990 年代他們離開人世為止。奧斯丁在時尚名人堂佔有一席之地，也是伊蓮娜．蘭伯特（Eleanor Lambert）「最佳穿著名人榜」上的常客。她常戴我設計的珠寶，對我的讚美更是讓人窩心：「鑽石不是女人最好的朋友，啟妍才是。」

奧斯丁戴上我的珠寶顯得特別雍容華貴。她和威廉住在第五大道，夏天就到聖西蒙的赫斯特城堡去。我也隨他們住過那座豪宅，躺在豪華泳池「海王池」（Neptune Pool）裡。電影《風雲群英會》（*Spartacus*）也是在這裡拍攝的。晚上我睡在 17 世紀的法國大床上，那是威廉的爸爸從某個歐洲古堡買回來的。對我的商品來說，奧斯丁的口碑是最有效的廣告。她大可不必這麼做，但有一次她甚至特地為我在公園大道一家高級俱樂部辦了一場大型派對，把她的朋友都請過來跟我見面。

她真是一個才德兼備的女子，我這麼說不只因為她支持我。受她照顧的藝術家很多，她也會贊助一些特殊的活動。她眼光獨到，她的穿著打扮就是一個例子，很輕易就接受了不對稱的穿著。有一次她戴了一個我設計的胸針，要我把它改成耳環。我找不到另外一隻來配成一對，她也就那麼只戴著一件。她的時尚品味總是贏得眾人的讚美。

化妝品牌雅詩·蘭黛（Estée Lauder）創辦人的媳婦伊芙蓮·蘭黛（Evelyn Lauder），是我另外一個有品味、有個性的朋友，她也始終支持我。她說：「我們是職業婦女，要到處奔走，出門的時候，總是得帶方便的東西吧。」

她想要買三隻不同顏色的耳環，自己混搭，這個想法真是深得我心。她也住在公園大道，離我的一個代理商很近。這個代理商對她說，耳環不能單隻賣，一定得成對才行。因此她來找我直接問，我當然就幫她做了。

另外一個大力支持我的人是時尚教母伊蓮娜·蘭伯特。她原本是記者，她創辦的「最佳穿著名人榜」可以說是一言九鼎，主宰時尚界近 20 年。只要是有頭有臉的人物都想登上伊蓮娜的名錄，連她也戴我的珠寶，這當然是最好的宣傳。還有我的朋友靳羽西，她和我一樣都是香港人，後來在紐約有線電視台主持節目而走紅，之後用自己的名字創辦了一個化妝品牌。1990 年代她第一次在美國有線電視訪問我。現在她上海、紐約兩邊走，仍然是那麼精力充沛，多才多藝。

就在那些年，開始有人邀我到他們富麗堂皇的歐洲大宅作客，譬如培生集團（Pearson Group）大老闆維康 · 考德雷（Viscount Cowdray）就請我去他的考德雷莊園（Cowdray Park）。我的行李一向不太整齊，不習慣讓傭人幫我打開。我也去過安 · 蓋蒂（Ann Getty）在三藩市的大宅子作客，她也是我的客戶。她家裡每件家具都是古董，而且幾乎全是路易十四、十五時代的。宅子裡只用蠟燭照明，住在那裡得非常小心，別按錯開關，也別撞到昂貴的古董。

我還去過好幾次雄偉的歐爾大宅（Oare House），宅子的主人是亨利 · 凱瑟克（Henry Keswick）和他的夫人泰莎（Tessa），位於英國威爾特郡的馬爾伯勒（Marlborough）南部，每次從這裡離開的時候，我都覺得自己又充滿了活力，對主人用心照顧 140 英畝的花園，細心呵護園子裡的一花一草充滿了敬意。那幾座花園全是英國名建築師克拉夫 · 威廉艾利斯（Clough

Williams-Ellis）設計的，凱瑟克一家人從 1975 年就開始悉心維護、打理。

這座宅子絕非浪得虛名。「歐爾大宅的整體美是很罕見的。它院子的花木茂盛卻又井井有條，是威爾特郡最有韻味的建築之一。」約翰．薩爾斯（John Sales）在《英格蘭西南部名園：雅芳、森麻錫和威爾特郡的庭園》（*West Country Gardens: the Gardens of Gloucestershire, Avon, Somerset and Wiltshire*）一書中寫道。這本 2016 年出版的書收錄了將近 2,000 種曾經在園子出現過或現存的喬木、灌木和其他植物，同時也記錄了利用英國皇家植物園邱園（Royal Botanic Gardens in Kew）和中國科學院昆明植物研究所保存的種子培育出來的品種。

為了賦予這棟傳統建築新的詮釋，花園裡增建了一座現代感十足的涼亭，是知名建築師貝聿銘的作品。它完美地坐落於椴樹林立的大路盡頭，景觀歷史學家提摩西．莫爾（Timothy Mowl）寫過一段文字，說：「亭子是三層樓高的現代建築，這是極大的挑戰……亭子的幾何造型會讓人不自覺注視，想去解開它的密碼。這是庭園藝術的偉大成就……」

我很喜歡在大宅的香草花園和木蘭花園旁閒坐，也喜歡沿著草坪和樹籬散步，欣賞這許多精挑細選、仔細修剪的花草。

2015 年夏天，我有幸跟著亨利和泰莎夫婦一起到附近的沃德斯登莊園（Waddesdon Manor），和莊園主人雅各．羅斯柴爾德勳爵（Lord Jacob Rothschild）共進午餐，還帶我參觀了莊園裡華麗的花園和苗圃。我忍不住要提一下這次旅行最精彩的部分，它大大提升了我的跨文化知識，深化了「吉祥結」（Endless Knot）對我的影響。我沒吃甜品，跑到莊園的展覽廳，參觀那裡的青花瓷。展覽廳裡的馬約利卡花色陶碟（Majolica plates）出自曼圖亞公爵（Duke of Mantua）的收藏，碟子邊緣有一圈吉祥結裝飾。曼圖亞公爵的領地在威尼斯附近，這也證明了絲路對文化交流的影響。一年後，我在聖彼得堡的冬宮博物館看到另一個有結飾的陶碟，碟上也有曼圖亞公爵的徽章。

我是個歌劇迷，而奧地利的薩爾斯堡是全球的歌劇之都。從 1990 年代開始，我盡可能每年都去參加那裡的音樂節。我很幸運，在三藩市的時候，結識了安．蓋蒂。她的先生戈頓．蓋蒂（Gordon Getty）是個大富翁，也是作曲家，常常買珠寶送給太太。每年夏天他會在薩爾斯堡避暑，我會去借一個小小的床位，小住幾天欣賞歌劇。全世界最好的歌劇，可能有點曲高和寡，但優美的古典音樂始終是我的最愛。我在英國讀書的時候，有段時間常花錢買票，去柯芬園（Covent Garden）看歌劇。我會找一個朋友，各付一半門票錢，兩人輪流，一幕站、一幕坐地看表演。

美國國會議員，也是眾議院院長蘭茜・佩洛西（Nancy Pelosi）在三藩市跟我買過一對耳環。希拉里・克林頓在紐約亞洲協會的商店也買過，從 1990 年代中期開始，我的作品在那裡就賣得很好。怡和洋行榮譽主席夫人凱瑟克女士（Lady Keswick），還有倫敦的慈善家利普沃思夫人（Lady Lipworth）都是我長期的顧客。他們因為常常旅行，都覺得我設計的珠寶好戴又容易搭配。

香港特別行政區行政長官林鄭月娥也擁有不少我設計的耳環、胸針和其他飾品，都是她二十年來斷斷續續買的。她幾乎每天都戴著我的珠寶，我真的很開心，也覺得很有面子。女性高層主管戴上精美而不貴的珠寶，最能展現權威和魅力，她就是一個好的例子。

這群女性高層清楚知道自己要什麼，她們對我的作品產生共鳴，這是我成功的根本。以她們的財力，無論想買什麼都買得起，但她們看出我作品的實用性，更重要的是那是天然珠寶。

除了社會高層以外，我還有一群主管級的上班族顧客。她們打從我推出半寶石系列以來，都是我最忠貞的支持者。她們覺得我的珠寶戴起來又舒適，又能跟服裝配襯。這是我的支持者當中最大的一個族群。我真的由衷感謝她們。

Harmony Through Asymmetry
不對稱的和諧

很多人都知道我穿的鞋子不是一對的，兩條褲管的材質也不一樣。對我來說，混搭已經是一種生活方式，就和我的作品一樣，不需要左右對稱。不對稱做起事來方便得多，也更能展現個人風格。這關乎平衡，可是與配成一對無關。它反映的是一種不墨守成規的態度，在許多方面，這也是一種務實的生活方式。不對稱已經成為我的核心理念，是體現品味與個人特色的方式，更重要的是，它給我絕佳的機會去探索「美」的更多可能性。透過不平衡來展現平衡是我的特色，很多時候也是我言行舉止的中心思想。

我樂於表達不對稱，但最初的動機其實很務實：手上的材料不夠，為了解決這個問題，只好把所有東西混搭使用。但我很快就發現，不見得要對稱才能平衡，達到和諧、平衡的方法多的是。道家思想的鼻祖老子就說過：「萬物負陰而抱陽，沖氣以為和。」無論是物質上或是思想上，這麼想不但比較容易解決問題，也讓萬事萬物看起來比較美好。我的設計當中，無論是用於裝飾還是佩戴，「不對稱的和諧」、「藉由不平衡達到平衡」始終是我美學的核心，是一切作品的準則。我利用不協調來創造和諧與平衡，挑戰傳統的思維。不對稱能激發創意，鼓勵人們展現個性，開啟更多的可能。

傳統中國庭院的設計通常是不對稱的，和處處重視對稱的歐式庭園很不一樣，雖然事實上中式庭園所複製的自然，往往無法重現那種自由隨性，而是一種刻意。中國的書法多數也是不對稱的，書法的個性來自書寫者個人的詮釋和演繹。但中國文化的不對稱哲學並不是我最初的靈感來源。說到底，選擇不對稱其實就是因為現實的需要，至於平衡與和諧的效果，不過是副產品罷了。

我有件經典作品，由兩塊斷掉的玉璧組成，大小相等，但缺了一截，正規的收藏家一定看不上眼，但我做了些巧妙的處理，好好利用了它。這是我最喜歡的設計之一，我把這兩塊弧形的玉用繩結串在一起，讓兩個圓弧朝向不同的方向，再在末端配上一個色彩協調的玉環，和那兩彎新月互相平衡。我很慶幸這件作品還在我手上。

受到傳統技藝的啟發，我開始用編繩和繩結來固定項鏈和墜子。我新創了許多樣式，例如玉璧的環形象徵宇宙，都十分簡潔有力，它們一直都是我作品的特色。繩結在許多圖案中出現，一

用兩塊斷玉組成的作品，很能體現我的不對稱美學。

向都是最得人心的文化符號。從中國到印度再到中東，它沿著古老的絲綢之路一路傳承。對我而言，繩結的造型兼具傳統與現代，非常有震撼力。我的編繩設計取材自傳統的中國編繩，是我個人風格的關鍵元素，於古董系統的作品中尤其重要。編繩和繩結，對融合和固定鬆散而獨特的元素有重大作用，如大小不一的雕刻、玉珠、半寶石及小型的金屬配件，是賦予作品整體獨特韻味和搭配彈性的關鍵。

我使用的寶石與素材跨越了許多朝代，有西漢時期的動物造型玉雕和環狀的玉璧，也有遼代雕刻鮮明的瑪瑙和透明水晶珠子。

中國人是在漢代跟中亞學會製造玻璃的技術，並且開始創作新樣式的。有一部分玉石和石雕，還可追溯到新石器時代的河姆渡文明（公元前5000到3000年），有些則大概是唐代的舶來品，是在拍賣中買回來的。以上我說的就只是一條項鏈，不對稱的外形，有自己的風格，還極富現代感。

當時我還是個新手設計師，既沒有經驗，又沒有受過設計方面的正規訓練，更不是學院派出身。但我對審美非常敏鋭，了解歷史，而且天生愛好藝術，懂得結合貴重寶石和半寶石，組合成美麗的飾物。

正因為這樣，我才敢大膽打造自己的風格。畢竟我穿的衣服鞋襪，都不是成雙成對的。或許因為我沒有結婚，才能大膽實現「不對稱的平衡」。在企業內汲汲往上爬的丈夫是無法忍受妻子離經叛道的。我在日本待的時間很長，看盡了日本妻子如何被要求遵守各種不明文的規矩，從行為舉止、應對進退到服飾衣著，都要遵從許多繁文縟節。幸好現在情況慢慢改變了，但我還記得有一段日子，戴上一串整齊對稱的養珠項鏈才算「合乎規矩」。現在日本女性買的是淡水養殖的珍珠，形狀不規則，比較平價，款式也比較休閒。她們也可以佩戴我的半寶石項鏈或耳環了。

我從不認為自己是專業設計師，特別是如果這個稱呼指的是在家具或服飾業設定產品路線的那些人。一般來説，我創作都不是因為受委託才做的。我總是從零開始構想，無中生有。我比較喜歡採用一些獨特的元素，利用特殊的排列組合，創造全新的面貌。

雖然我的設計觀主要受到中國文化的啟發，但也深受中亞和西方文化的影響。我雖然不是在中國傳統藝術的薰陶下長大，但中華文化圈，特別是嶺南地區的廣東，始終是我文化的根。學習中世紀和早期歐洲歷史之後，我也透過融會貫通東亞和中亞的文化素材，接觸到西方的設計觀，歐洲美學更是我源源不絕的靈感泉源。

多年前我在倫敦知名的特勒洛普父子室內設計公司打工，雖然只待了很短的時間，但我想我的審美觀是在那個時候開竅的。我做的雖然不過是一些採購工作，有時候跟在裝修師傅後面打雜，但那段經歷給了我一些實務經驗。

在大英博物館閱覽室苦讀，定期去參觀長廊附近精美的文物，欣賞中國、日本、韓國古老陶瓷和各種藝術品，開啟了我的眼界。這些精品瀟灑自如的風格，跨越時間的長流，給予我無限的自由空間，在當中找尋共鳴、連結及差異。我悠遊在這許多截然不同的世界之間，藝術、設計和文化互相交錯，而我總是清楚意識到，歷史和傳承將過去和現在交融為一，望向未來。

我試著透過作品及我所做的一切闡釋這種精神，努力不懈。

我們的世界連結得越來越緊密，對不同地區的認識越來越深，而我也不斷摸索，尋找一些能貫通東西方的事物。視覺上的特質和風格上的差異，總是吸引我的目光；身為歷史學者，我也注意到它們是如何具體呈現。我覺得這是我最大的資產，我要靠自己判斷，而對歷史的了解是我最強的後盾。我總抱持開放的態度，迎接一切的可能。隨著歲月過去，經驗累積，我深信歷史是了解現今生活和過去傳承最好的途徑。修讀歷史能讓人看得更透徹，這種能力滋養了我，幫助我了解並且欣賞自己的文化，讓我更能感受到東西文化交流是如何密不可分，讓我對藝術和人類的文明發展增加了解，並且透過我的設計和著作加以詮釋。

正因為如此，我的作品很難歸類，而這的確帶來了一些問題。例如 2008 年的時候，有人推薦我前往倫敦 V&A 展出我的珠寶作品，因為製作珠寶一般需要動用金工，這家博物館就很不可思議地把它歸入「冶金部」。我得到的答覆是，他們拒絕展出我的作品，原因是我使用的材料跟該部門所陳列的差異太大。所以呢，2008 年 10 月華盛頓的甘迺迪表演藝術中心就把我的珠寶回顧展當做「中國風情」特展的一部分。2009 年日本著名的和光百貨在東京以回顧方式展出我的設計和著作，對我來說意義就更特殊了。甘迺迪中心的展覽是對我作品的認可，東京的

在甘迺迪中心的設計展中，我的珠寶作品佔據唯一的獨立玻璃展示櫃，真是莫大的鼓勵。

展覽則是保守的和光百貨首次為外國設計師舉辦這類活動。

在我最主要的幾個市場，北美、倫敦、巴黎、日本和東南亞，賣得最多的不是用古董珠子和藝術品製作的珠寶，而是比較平價、容易搭配的半寶石作品。我非常重視顏色，只用天然寶石，因此選擇多少會受限制，但我會設法搭配，或者在同一件作品中運用對比色。對我來說，搭配歐美市場的春夏季服飾比較困難，因為它們通常有選定的主打色，整季的服裝都強調這個色系，可能這一季粉紅色，下一季亮藍色，再下一季是橙色。我的感覺是，夏季服裝如果用了比較鮮艷的色系，就會令飾品相形失色。如果是塑膠或人造寶石，什麼顏色都做得到，但半寶石的話，就只有天然的顏色可用。瑪瑙、海藍寶石、綠松石、縞瑪瑙和青金石是我常用的幾種石材，有時混搭，有時用對比的手法，因為半寶石只有那些顏色。

我非常留意潮流趨勢。但在設計師為巴黎、米蘭或紐約等地的服裝展做準備，開始設計系列服飾之前，我就要知道當季的色系，否則會來不及創作合適的飾品。瑪瑙產量多，價格也平實，是我最常用的材料，不但顏色豐富，形狀也多，而且硬度不輸石英。人類使用瑪瑙已經有數千年的歷史了，從中歐到西伯利亞，歐亞草原的遊牧民族全都使用瑪瑙。瑪瑙色澤鮮艷，深淺不一的啡色與紅色，幾乎搭配什麼都適合。另外，青金石和外觀相近的石英也是我常用的素材，它們各種深淺的藍色一般被認為象徵著春天。每次發現新的半寶石都令人高興，好像最近發現的藍線石，這種藍色的石英晶體產地通常在水邊。

設計的第一步是決定顏色，通常我會跟著服裝的潮流趨勢走。有些寶石比較脆弱，不適合雕刻，也有些寶石體積很小，所以有時我要放棄協調的配色，改用對比色。其實我要很早就開始設計飾品，遠比審批服裝款式、下訂單的時期早得多。服裝公司的人揀選布料的時候，我已需要知道他們選了哪些顏色，因為顏色會左右我的設計。設計師公佈選定的布料，還未開始製作新款式，我就希望能得到他們的反饋。不過這時候，多半還是要靠我自己憑空想像。然後採購人員可能會通知我：「這一季是藍色系。」不過一直到不久前，我用的藍色寶石都只有一種，就是青金石，直到最近才發現藍線石。這些過程全都勞心勞力，只要飾品和當季的色系看起來不協調，我就得努力做一些效果，讓它們看起來比較相襯。

春裝對我來說，難度一向比較高，因為春裝的顏色通常比較鮮艷。秋天色系，所謂「中性色」的半寶石種類多很多，譬如黑色、白色、褐色和灰色都不少。春裝的話，我比較常用白或黑色當底色。一般來說，天然素材的色相和深淺變化都沒那麼豐富。日本人對顏色的喜好尤其固定，春天的時候，他們常戴白色的寶石，特別是水晶和珠母。幸好青金石之類的藍色在四季都很受歡迎。

要達到一定的數量，又要維持一定的價格，用黃金就太貴了。所以我一開始就幾乎全用純銀。銀質底座不容易製作，要怎麼做，我有自己的一套程序。有時候我會在銀上鍍 18K 的黃金，再加上一層 3 微米厚的保護膜，確保它能持久，這是羅啟妍半寶石珠寶系列的精髓。

我的顏色寶石系列在中國的銷量向來有限，因為中國人覺得半寶石沒什麼價值。珠寶在亞洲，尤其中國，是財富和地位的象徵，人們對純裝飾用的飾品興趣欠奉，因為它所用的寶石本身並不值錢。我的半寶石作品一直到最近才在北京、上海和成都這些大城市流行起來。另一方面我的古董珠寶系列，則吸引那些懂得古董價值的人，但這畢竟是小眾。一句到尾，對中國人來說，設計和顏色都不是最重要的，人們是根據看起來是否值錢、能否彰顯身份來衡量物品的價值。不過這種情形已經慢慢改變了，現在我最主要的顧客是那些有品味的女性，她們懂得欣賞我的作品，知道我讓大家「把歷史戴在身上」。另外，因為我是第一個打入歐美和日本市場的華人珠寶設計師，內地人因此視我為名牌，也因為這個原因，他們欣然擁抱我的珠寶。

什麼是有品味？什麼是品味差？這個問題值得深思。品味與錢沒有關係，那麼該怎麼決定珠寶的價值呢？價值不是因人而異嗎？不是的，沒那麼簡單。珠寶是很保值的。我認識一個人，他本來在上環荷李活道開了家店，現在搬到深圳去了。他是賣鑽石的，客戶帶著一袋袋現金來找他買鑽石，因為鑽石轉賣就有利潤，又是公認的容易脫手，還很容易攜帶。你確實可以說，鑽石絕對可以保值。但這是珠寶最終的價值嗎？誰又能說呢？

至於玉的價值就比較見仁見智了。一串項鏈鑲了戰國時期的玉，放到市場上賣，應該值 5 萬？ 15 萬？ 25 萬？還是更多呢？我的顧客對古董多半都有足夠的知識，知道它值多少錢，也懂得古董的出處和歷史。當然我希望他們也真心喜歡我的設計和風格，欣賞我組合作品的巧思。

所有的藝術品或好的設計都一樣，「主觀成分」扮演非常重要的角色。但鑽石不一樣，它不需要太多詮釋或設計。就我的作品來說，雖然使用的材料，有些本身確實價值不菲，但真正讓作品昇華為藝術品的是設計。設計才是作品的精髓和價值所在——設計師的價值在於把材料重新編排、設計，展現它們的魅力，提升它的價值。

我有個當古董商人的朋友，我問他，傳統上中國人很珍視的玉石之類，近幾年價錢為什麼漲得那麼厲害？他說，現在很多人家中只有一個孩子，孩子從知名大學畢業，找到好工作，薪水又高，對他們來說是一種價值，因為它代表新的社會地位，所以每個家庭都想至少買件古董。中國有很多這樣的家庭。一般來說，古董增值是一種避險的方式。中國人喜歡歷史悠久的東西，而古董也是資產保值的好辦法。但如果要靠我的半寶石賺錢，那需要相當大的數量，而且要有那個市場才可行。說到底，我的作品裝飾價值遠高於投資價值。但因為用了古董，越來越多中國人意識到作品的歷史意義和增值空間。

價值問題和「負擔得起的奢華」這個概念有關。現在很多旅館、服裝、各種各樣的產品，我們都能從中看得到某種程度的奢華感，但它們的價位是更多人負擔得起的。對我來說，優質的東西可以提升我們的生活，但如果它們能經過一流的設計、精工製作，那就更好了。雖然影響價值的因素很多，但將好的設計付諸實現，有助提升品味，增添價值，這也是不爭的事實。

以前我常努力存錢去買昂貴的新衣服，但從 1990 年代在日本開始，我卻變成了優衣庫（Uniqlo）的粉絲。我會去那裡買衣服，也在那裡買禮物送給人。那時候優衣庫的衣服大部分都是日本製的，品質非常好。現在雖然越南製的、中國製的，哪裡做的都有，但品質還是維持得相當好。品質是最重要的，是所有商品的前提。到倫敦去的時候，我會去哈洛德和夏菲尼高看他們的款式，然後去優衣庫買基本款的衣服。那一次我參加了兩場週末在朋友家舉辦的大型派對，都是在豪宅裡舉行。我穿優衣庫，搭配自己設計的飾品，那身衣服特別出色。現在的人都打扮得很休閒，而且不會像倒模出來一樣。以前我一看見別人身上穿的衣服，就說得出是哪個設計師的作品，現在這個一點都不重要了。

就許多方面來說，現在從事設計工作比以前難得多，因為要不斷求新求變。就算是成衣也要有新的創意，才能趕上日新月異的流行時尚。這也是為什麼我越來越常回到最初的最愛——把具有古董元素的素材組合起來，賣到中國和其他高端市場。

你無法對趨勢視而不見，但如果你決定不跟隨潮流，走自己的路，創出自己的風格，你就必須建立起非常強烈的公眾形象，要有完整的個性和自我。我不跟隨潮流，你甚至可以說我帶起了某些潮流，但即使是這樣，我的作品還是追求方便佩戴、容易配搭。香奈兒（Chanel）有多少是跟隨潮流？又有多大程度創造了潮流？亞歷山大．麥昆（Alexander McQueen）一向引領風潮，但它的作品有許多只適合展示，很難穿在身上。像這樣一個品牌，一旦少了創始者的導引，帶領它不斷因應潮流、不斷演化，品牌傳奇還能持續多久？它的核心精神還能維持多久？

Making a Name in Japan
揚名日本

1985 年，我在美國已經闖出了名號，在國際市場上也慢慢累積了一些顧客。我的珠寶在倫敦哈洛德、夏菲尼高以及巴黎老佛爺（Lafayette）等各大百貨公司售賣。我覺得我應該另闢一個市場，而能達到我的要求、顧客富裕而且品味卓越的地方，就只有日本。

我對進軍日本市場滿腔抱負，更天真地以為我可以輕易複製在美國的成功經驗。我選擇日本並不是因為它在亞洲，與中國毗鄰，雙方自古以來就有來往。我的華人身份在日本不但佔不到任何好處，反倒是個缺點。從 19 世紀中葉，日本的軍事力量和文化優勢幾乎稱霸全亞洲（當然有個別例外）。這種優越感，部分源自歐洲人打開亞洲門戶之後，中日兩國不同的發展機遇。日本人佩服西方國家軍事和制度上的成就，立刻設法吸收，將這一切都融入自己的系統。明治維新令日本脫胎換骨，到了 19 世紀末，西方列強已經把日本當做平起平坐的小老弟了。同一時間，中國在滿清政府的統治下，一再被西方列強打敗，顏面盡失。1905年的甲午戰爭，清廷更在領土海域敗給日軍，從此一蹶不振。然而第二次世界大戰日本軍國主義戰敗後，日本雖然保留了自己的喜好和品味，卻轉向擁抱美式的消費主義。如果我想在日本立足，在美國享有高知名度應該是很好的敲門磚。

我在1980年代末期來到東京和大阪，這正是日本經濟最繁榮的時期。我立刻就發現日本人崇尚優雅，這個市場很適合我，只不過要設法克服我華人身份的問題，並且在這個向來排外的市場建立自己的品牌。日本人在文化藝術方面，向來有絕佳的鑑賞力和優雅的品味。這個國家以自己的傳統為榮，細心守護，這一點由日本人對古蹟的管理和保養便可看得出來。在奈良、京都、琵琶湖沿岸以及全國各地，日本人受到唐宋技術啟發而興建的古老建築與悉心維護的神社隨處可見，就是最好的證明。1980年代經濟起飛，日本人像瘋了般搶購歐洲奢侈品，其中法國商品佔了大部分，意大利排第二。在那個年代，日本上班族女性的共同夢想，似乎就是存錢買路易·威登（Louis Vuitton）的手袋。據說當時這個奢侈品龍頭的全球營業額，有百分之二十到三十來自日本市場。現在，相較於中國，日本的市場規模算是小的，但當年可是獨霸一方，是美國以外唯一一個受到眾多奢侈品與珠寶名牌青睞，並且為它們帶來高額營收的市場。

在紐約那段時間，我認識了著名的日本高級時裝設計師森英惠。她是時裝設計的先驅，那個年代最受矚目的設計師，也是全日本注目的焦點。日本皇室和企業名流夫人的服裝都出自她的手，我非常幸運，她很欣賞我設計的珠寶，也喜歡我在中國生產的茄士咩羊毛披肩。

她請我幫她設計一些珠寶，好搭配她在巴黎展出的高級訂製系列。日本人當年一夕之間變得雄心勃勃，一心想征服國際市場，而她則是第一位在巴黎開設服飾專賣店的亞裔高級時裝設計師。在她巴黎的店裡既陳列高級訂製服裝，也賣一般的成衣。她的時裝中心就位於典雅的蒙田大道（Avenue Montaigne）上，離紀梵希（Givenchy）的總店不遠。為了合作準備巴黎的展覽，森英惠讓我走一趟日本，創作一些飾品來搭配她的服裝。那是日本的黃金時代，富裕、雍容大氣，而那時候他們都還認為，中國人——事實上是日本以外所有的亞洲人——都不夠格在日本販賣他們的商品。在銀座、赤坂、六本木這些東京最熱門的零售商圈，即使香港貿易發展局幫忙，像我這樣的華人也不能租到舖面。因此當森英惠提議在表參道以她命名的森英惠大樓裡給我留個舖面時，我想都沒想就欣然接受了。

有了立足之地後，我開始研究日本市場，想著怎麼做才能重複我在美國的成功經驗，透過百貨公司銷售商品。我最早接觸的是西武百貨的主任江頭慶先生。他原本是野村證券的國際部主管，後來西武集團的大老闆堤清二親自挖角過來。西武旗下有百貨公司和房地產部門，也是我在日本合作的首選。同樣是零售業，與三越和其他傳統店舖比起來，西武比較先進。但在日本，我還是個寂寂無聞的設計師，對江頭先生來說，和我合作風險太高了。雖然當時我在美國已經有相當的知名度，他也很熟悉，但最後他還是放棄了與華人設計師品牌合作的機會，這令我非常失望。

伊勢丹百貨的老闆小菅先生在巴黎看過我的作品，他很欣賞，於是派採購人員到香港買了一些回去。我再怎麼強調都不足以說明，我的作品與當時市場上的珠寶差別有多大。伊勢丹也在新宿東京總店一樓正中央給了我一個櫃位，嘩，真是太開心了！這一刻之前，還沒有任何華人品牌在任何一家高級日本百貨裡有過獨立的櫃位啊。

我在伊勢丹設了專櫃，但可想而知，銷售情況並不好。櫃位是開了，可是沒有業務代表幫忙打理和推銷，只有一個女售貨員兼顧兩、三個櫃位。那時我對怎麼在日本銷售一點經驗也沒有。日本品牌通常是僱一個商店認可的業務代表，幫你打理所有業務，包括代表品牌與百貨公司溝通。那個年代，百貨公司是商品曝光和流通最主要的管道。業務人員會幫你推廣，錢的事他也會處理。可是我既沒有業務代表，伊勢丹也沒答應投資推廣我的商品，所以推出後反應不佳。我撐了一季，一般來說，零售業也就只願意給這般長的時間讓你證明自己的實力。一季之後，如果銷售不佳，你就會被貼上失敗的標籤，這麼一來就很難找到業務代表。更慘的是，我還是個華人。

但後來我還是找到辦法打進日本市場了。身為華人，成功唯一的途徑就是繞道西方，從紐約進軍日本。

在伊勢丹鎩羽而歸後，我認識了三越百貨北美地區的主管志越先生。他非常和氣，而且喜歡我的設計。他介紹我認識三越東京總部的一位同事，另外還做了個重要的決定——改用「來自波道夫．古德曼的羅啟妍」為品牌進軍日本。事實證明，這簡直就像魔法一樣，將我和國際知名的精品結合在一起。有了波道夫．古德曼的加持，投資我的風險變小了。

就這樣，志越先生發掘了我，還替我找了個業務代表（這也是關鍵之一），是三越認可的人，過去曾給公司帶來不錯的業績。我成功進駐三越，他們先在三家店測試我的商品，之後再入貨到更多分店，這一次非常順利。我給這個系列取的名字「Lumia」，更突顯半寶石閃亮的特質。

在日本賣得最好的款式跟在美國市場一樣，是半寶石系列，只不過尺寸小一點，因為日本人比較喜歡小巧的飾品。此外顏色也要迎合市場口味，日本人偏好的寶石種類和顏色會隨季節變換。我的項鏈和胸針大量採用淺綠色的東陵玉，它沒有玉那麼昂貴，但看起來很相似。青金石、藍托帕石和珍珠也用得不少。

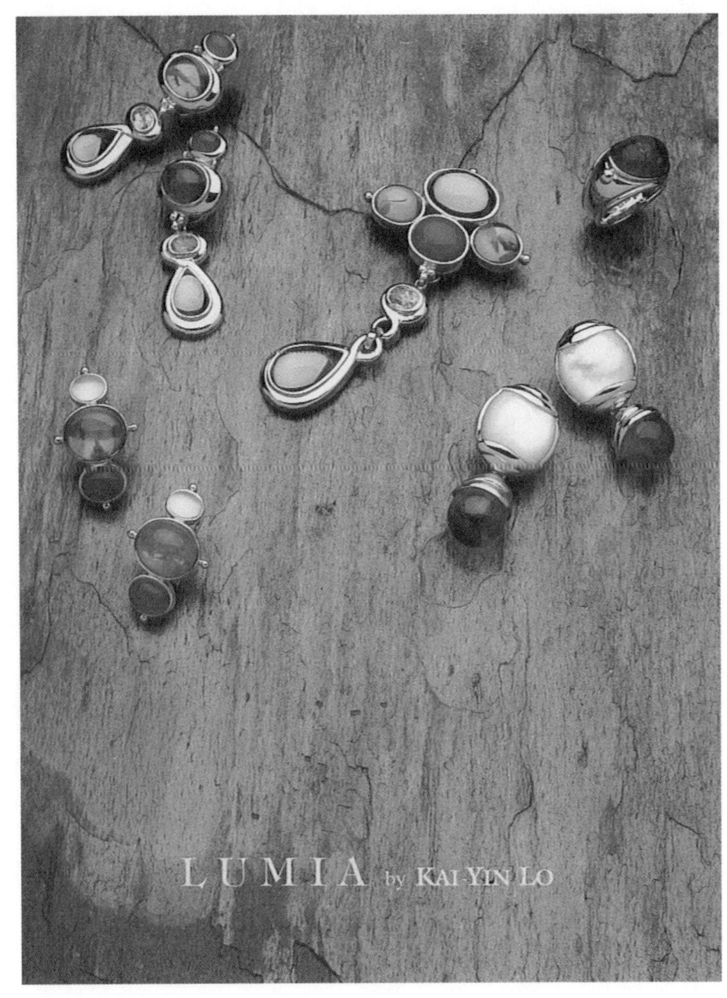

2001 年，為日本市場量身打造的 Lumia 半寶石系列。

日本人相當喜愛胸針這種飾品，那時他們在用色和款式方面都比較保守，但我還是每一季推出一個新顏色的系列，更重要的是，每一季都有令人驚艷的新造型。

後來，大概是 1995 年左右，位於東京銀座通轉角、當地最高檔的和光百貨，幫我在五樓的獨立專櫃區設了一個櫃位。這一區有許多像布契拉提（Buccellati）之類的國際知名品牌。和光百貨的前身是服部金太郎在 1881 年創立的，現時附帶鐘樓的建築則是在 1932 年關東大地震後重建。精工錶也是這家族的事業。

只要是想找有特色、質感好的商品，人人都一定會來到和光百貨，當中包括日本皇室及頂尖的企業家族。如果不是和光對我作品的信賴，為我設了獨立櫃位，我也不會受到這麼多人的注目。非常感謝當時的董事長服部禮次郎先生、他善良又和藹可親的妻子悦子和家中其他成員，包括活潑的久美子對我的支持。他們對我的作品總是那麼有信心。後來他們都成了我的好朋友，並且以我為榮，將我介紹給他們那群社會菁英。

即使有熟人為你穿針引線，自己的表現也同樣重要。在和光和三越，每一季的促銷活動是不可少的。這在日本是一種社交活動，客戶和朋友會來看商品，順便聊一聊。這時候我覺得自己不只是在推銷珠寶，他們懷著敬意和親近的心情，聽我以設計師的身份為他們介紹新的觀點，探討日本消費文化新的面向。

我在東京銀座和光百貨的珠寶櫃位

難怪日本人會嚴格區分職人、設計師和藝術家。他們都是重要的文化財產，按成就高低，最高一等被稱為「國寶」，是對他們品質與創意的最高表彰。

日本人這個民族有非常敏銳的鑑賞力，無論對商品的材質、製作方式或是設計都非常講究。逛街買東西不是隨性的習慣動作，它還牽涉到判斷、品味及熱情——一種收藏和擁有的快樂，這一切融合成生活經驗，進而豐富人的生命。在和光、三越及森英惠大樓的店舖裡，我在客戶身上看到了這些特質。這些顧客一定要求了解設計的理念和背景，他們很重視設計，並珍惜自己購買的產品。直到現在，我還收到日本客戶的來信，要我告訴他們作品最新的進展。

2009 年 6 月，順利合作了 12 個年頭後，和光集結了我的作品，為我舉辦了一場回顧展。這是我畢生難忘的一件大事。展場包括兩個樓層，我重要的客戶、好朋友還有許多貴賓都出席盛會，連工業設計大師榮久庵憲司也應邀參加。榮久先生是 GK 設計工作室的會長，他的新幹線子彈列車是全球有名的設計。能在東京這麼頂尖的商店裡得到眾人的認可，讓我感動得流下眼淚。

我能和麻生家族成為好朋友，也是非常幸運的一件事。麻生是日本一個地位崇高的政治世家，沒有服部和麻生這兩個家族的幫忙與支持，沒有那些引薦我進入他們圈子的貴人，我不可能認識這群有意思又顯赫的朋友及有創意的業界人士。沒有他們，我在日本市場的路會走得更辛苦，對日本社會的了解也會非常有限。

我和麻生和子是多年的好朋友，她先生是麻生家族的二公子麻生太賀吉。和子說得一口標準的法文和英式英文，是個個性開朗、雍容華貴的婦人。我第一次見到她的時候，只敢畢恭畢敬的，但她很有幽默感，能讓人放下心防，我立刻就喜歡上她了。和子在法國接受教育，熱愛藝術，有許多年的時間都是「Dan Dans 藝術計劃」的推手，致力培育日本當地的年輕藝術家。她很欣賞我的作品，在策展方面幫了我不少忙，還介紹了不少好朋友給我認識，其中包括現任日本首相安倍晉三的夫人。他們個個都溫文有禮，待人寬厚。雖然有貴人相助，也有了一些成績，不過我還是要靠作品證明自己的實力。和子的父親吉田茂是二次大戰後日本第一任首相，兒子麻生太郎則是日本著名政治家，擔任過多項內閣職務，是自民黨著名的造王者，更短暫擔任過首相，安倍晉三掌權以來，他又再度出任副首相。

我一一介紹這些人，是因為如果沒有他們，我這個中國人要被日本社會接納，躋進日本零售業界，將是難上加難。這些人之所以支持我，是因為他們心胸廣闊，有國際視野，而且喜歡我的作品。我由衷感激他們的這份情誼，以及對我作品的賞識。

我在日本的事業一直持續到 2010 年。之後，隨著日本經濟步上美國的後塵，百貨業出現危機，我的事業也開始衰退。日本不少百貨公司關門，珠寶部門跟美國一樣，全改成寄賣制，因此我選擇退出。但能成功進入一個當時對亞洲設計師緊閉門戶的市場，不但是莫大的挑戰，也是令人心滿意足的成果。我為自己的成就感到驕傲，對於經歷過的點點滴滴及一路以來獲得的友誼衷心感激。

The 1990s and Beyond
1990 年代以後

1990 年代初期是我珠寶事業的巔峰。那是個急需新的設計演繹、新的製作技術的時代，我亦全心全意投入工作。1994 年是美國百貨業的全盛時期，我在美國各地總共設了差不多 50 個銷售點，而且正逐步打入日本市場。我的品牌在香港和新加坡、曼谷這些亞洲的大城市已經是大家耳熟能詳的名牌。我個人也不斷收集中國古董家具和中國陶瓷，設法記錄和了解中國文化與歷史發展的過程。我四處旅行，同時傳揚理念相同的藝術家和文史學家的作品。我們都以聯繫東西為己任，相信藝術與設計的共通性與影響力，認同並了解中國文化及歷史的重要性。

我的野心不小，希望進一步拓展事業版圖，特別想在當時僅次於美、日的全球第三大經濟體——德國，闖出一番成績。

那時候我已經在東莞開了間工廠，作為珠寶生產的基地。香港工匠的手藝非常好，但應付不了所需的數量。再說，我也要搬到生產成本較低的地方。管理東莞的工廠對我是很大的挑戰，而且很花時間。訓練工人製作設計繁複的作品不但勞心勞力，還要因應當地的情況調整新的生產技術。更麻煩的是，每到農曆新年，九成的工人都要回鄉。他們多半來自四川和雲南，而且休假回家後很多人就不再回來了。這麼一來，我們就要重新訓練一批新的工作人員，我很厭倦這個不斷重複的模式。我要向我的會計師陳先生説聲謝謝，他在工廠的成立和管理上花了非常多的心力。

工廠開了五年後，我把它連同其他業務賣給了一家叫耶格納（Egana）的德國公司，因為他們答應幫忙將我的品牌送進德國市場。他們也在日本有個賣手錶的網絡，可以幫我擴展日本的生意。那時我沒完全意識到，他們的產品事實上與我不是同一個等級的，而且他們對我的作品興趣不大，只是看中我東莞工廠拿到的黃金加工執照。

在中國，要想使用貴金屬來製作珠寶，就必須先取得黃金或貴金屬執照。貴金屬包括黃金和銀，而我的作品主要就是使用銀來製作底座。執照很難拿到，當然也不能偽造，能拿到執照的多半是歷史相當悠久的國營企業。想找一家有執照、能買賣金銀等貴金屬的公司，不是沒有，可是很難，而且這種公司多半位於中國比較偏遠的地方，例如在香港規模相當大的景福珠寶，他們合作的公司就在甘肅，那可是遙遠的中國西北部呢。

我是透過中國中信集團的引薦才拿到貴金屬執照的，背後有賴時任香港貿易發展局主席蘇澤光先生幫忙穿線。貿易發展局很樂意協助香港的知名品牌到成本較低的中國內地從事製造業。這一次我也一樣，靠的還是世家大族的交情。中國中信集團是上海榮家所創立的，他們跟東莞的二輕工業局有往來，我透過榮家的推薦才接洽上這個機構。這件事之所以順利成功，是因為當時我亦算是知名的大品牌。我們付錢用他們的設備，二輕工業局也持有我們公司一小部分股權。

貴金屬生產是一個受高度管制的產業，無論是黃金或銀，進出都有嚴密監管。我也買賣半寶石，它們有部分是珠江三角洲出產的，有些是從南美或東南亞透過香港進口到內地的。我每個星期最少在工廠裡待三天，一來要檢查工序及成品，二來是要確保運作都符合法定要求。

我帶著手下幾個設計師設計商品。我們買下大批寶石，切成塊狀以方便運送。運進工廠的每樣東西都要仔細記錄，帳目清楚。接下來，工人會將寶石分門別類準備好，然後切割成需要的形狀，有些要鑲嵌在銀質底座上，通常還要鍍金。珠子要嚴格按照設計圖串起來。我在技術方面不怎麼在行，也不會鑲嵌寶石，但我懂程序。我的作品往往需要動用特殊的鑲嵌和生產技術，我要經歷無數次試錯才能確定加工流程。我很久以前就知道，成功的設計師不能只懂怎麼把想法變成設計圖，還需了解珠寶加工的程序。説我們的加工過程引進了許多新的製作技術也不為過。

我們工廠僱用了 100 名員工，提供伙食和宿舍。訓練當然是少不了的，可是非常辛苦。我的工作是提供產品規格，堅持要最好的工藝。底座開模和寶石鑲嵌都要非常精準，而且每件作品都要能耐久。因為每年過完農曆年就換一批工人，令品質監控成為很大的問題，要不斷訓練員工，一再叮嚀。

就在這段時間，耶格納向我提出了合作的要求。這家公司是一個叫漢斯．約格．澤博格（Hans-Joerg Seeberger）的德國商人 1972 年在香港成立的，主要業務是在德國銷售像皮爾卡登（Pierre Cardin）、卡雷拉（Carrera）這類中價位的手錶，在德國有個相當不錯的零售網絡，也是某些當紅品牌的授權經銷商。他們希望能把我的牌子納入旗下，我也希望透過他們在德國的管道打進歐洲市場。他們想把我的商品納入他們的銷售網，也希望能透過我香港的舖面多賣賣他們的錶。我將整個業務都交給這些德國人，只保留了美國市場的部分，但事實證明這是個失敗的合作方案。

耶格納原本打算接手中國的生產部門，然後在德國和日本大量銷售我的半寶石珠寶。他們的確把我的商品帶到了德國，但銷售情況不太好，因為德國人比較保守，我的作品吸引不到他們。

耶格納接手我日本的業務時，我已經在和光和三越百貨設櫃了。有段時間，耶格納成功打進了另外幾家商店，但好景不常。他們也接管了廣東的工廠，還從德國找了廠長來管理。事後我才發現，他們買我的公司，最主要是看中那張貴金屬加工執照，而不是接手中國的生產工作。

到後來我終於意識到，跟他們合作是一個錯誤。可是時間不多了，香港很快就要回歸中國，而我的珠寶銷售量越來越疲軟。耶格納對我的業務沒有任何幫助，我結束了雙方的合作。而根本的問題在於雙方的品味並不在同一個等級。

我在美國的事業也有了變化。尼曼一直是我在美國最重要的客戶。1993 年，他們提醒我說：「苦日子要到了。」當時，回歸中國的陰影籠罩在每個香港人的心上，人人都想著要搬離這個城市。我考慮搬到倫敦、新加坡還是泰國。每個香港人都認真考慮怎麼選擇。我哥哥啓良在泰國住過很長的時間，弟弟啟耀則考慮搬到溫哥華。最後，我們全都決定留在香港。那是一個充滿焦慮的年代，房地產市場劇烈震盪，但這也給了我們一些機會。1990 年，我在堅尼地道 39 號買了間公寓（我對門牌最後的個位數字是 9 有種特別的情愫，因為我們的老家就在堅尼地道 19 號）。這是我擁有過最富麗堂皇的一間公寓，《建築文摘》（*Architectural Digest*）還有好些媒體都曾經報導過。但到了 1996 年，因為擔心回歸後的不確定性，我把這房子賣了。

然後我在美國的波道夫．古德曼的生意也開始走下坡。那裡的業績一向佔我營收相當大的一部分。在尼曼的櫃位還維持了一段時間，但一直都有被取代的危機。那時候我在倫敦的哈洛德和夏菲尼高也有櫃位，但業績遠遠比不上美國市場。珠寶是一個複雜的行業，並不只是單純的買賣。就零售來說，像我這一類的商品，得靠不斷的促銷活動還有設計師親自到場，去支撐零售點的業績。法國和意大利人也喜歡我的設計，但我始終打不進法國市場，主要是因為它的經銷制度，再者，法國人也有自己的風格。費盡千辛萬苦才成功立足美國市場，眼看它不斷萎縮，我竟然誤以為繁榮的德國會是我要的答案。因為這樣，我才會跟耶格納合作。

德國的零售業並不像美國般蓬勃，消費者的品味和市場也完全不同。德國人的品味相當保守，我的風格對他們來說太花俏了。日本的業務持續得比較久，直到 2010 年左右才結束。日本人雖然花了很長的時間才開始欣賞我的珠寶作品，但一旦接受了，他們就會堅定地支持下去。當時西武和多家日本百貨公司要不破產，要不一夜間大量縮減業務，連三越的情況都不太理想。和光百貨也經營得很辛苦，它雖然是最高檔的日本百貨，營業額卻不是最高。最後我們還是終止了合作。不過在這之前，我早就身心俱疲，懶得維繫和開拓市場了。該是改變的時候了。

1986 年，我在半島酒店開了香港第一家店。我選在半島設櫃是因為日本，當時包括香港在內，許多市場都把他們當做最重要的一個消費族群，而我在日本的發展又正好陷入低潮。半島酒店的櫃位業績不錯，所以我又在文華開了另一家店。

最近我和一個朋友一起拜訪置地控股行政總裁黃友忠，是當年怡和洋行「大班」亨利 · 凱瑟克給我們介紹的。黃友忠花了很長的時間和我朋友討論一項購地計劃，但對我來說，這次會面最關鍵的一刻是，他轉頭過來對我說：「妳一定不知道，我剛到置地工作的時候，妳在文華有家店，我常去那裡逛，看著妳漂亮的設計，心想這個人是個開路先鋒呢。」這話聽了真讓人開心。文華的店業績非常好，毫無疑問，只要你在國際級酒店有個鋪面，大家就會注意你。

1989 年，我在太古廣場也開了家店，是第一批進駐的賣家。後來，北京發生了天安門事件，我們有一整年連一個顧客都看不到，但最後這裡變成我業績最好的一家店。很多香港人都記得我店裡的作品，那家店的位置非常好，從萬豪酒店走進太古廣場，店就在入口邊上。另外，有段時間，我在銅鑼灣的崇光百貨也有個小櫃位。

但到了 2005 年左右，我已經切斷了所有重要的業務管道。現在的珠寶業界已經沒有人會預先買斷，1980 年代末期，尼曼、波道夫 · 古德曼和薩克斯第五大道紛紛開始採用寄賣制，現在整個美國市場都是寄賣，想跟那些百貨公司做生意已經是不可能了。我真的覺得與這些零售商做生意很不值得，除非是設計師想要親自到場帶動銷售，或是培養新的客戶。

現在我在香港文華酒店的一家店裡擺了一些作品，另外紐約公園大道 725 號亞洲協會博物館的禮品店也有個專櫃。那是從 2000 年起一直都有的，我差不多每一年都會親自到場與客戶互動。每次重遇忠實顧客和朋友，我都非常開心，他們當中很多人都是一家大小一起來的。

德州的侯斯頓長久以來一直是我珠寶作品的主要市場，我在那裡交了很多好朋友，德州人總是那麼豪爽大方。2017 年 8 月，我應萊斯大學董事會及來自侯斯頓的校友代表邀約，在亞洲協會香港中心舉辦了一場小型回顧展。代表團當中，有些人還戴上 20 年前跟我買的耳環，真的讓我非常感動。它令我想起 1980 年代中期和 1990 年代初，我親自出席侯斯頓佳樂利亞購物中心尼曼百貨的活動，全都是美好的回憶。2012 年日本知名建築師谷口吉生一手打造的亞洲協會德州中心完工（紐約現代美術館也是他改建的）。在落成典禮上，我非常開心，能和老朋友朱莉 · 艾倫（Judy Allen）、涅尼特 · 芬格（Nanette Finger）、安 · 西蒙斯（Ann Simmons），還有南茜 · 艾倫（Nancy Allen）重逢。宏偉的德州中心能順利完工，很多經費都是南茜籌募的。你可以想像，當我在中心落成記者會上，看見她戴著我 1990 年代設計的項鏈時，心裡有多高興！

我在劍橋的好朋友阿卜杜拉．阿里瑞扎一直邀我去他家，說了好多年，1995 年，我終於付諸行動，出發去沙特阿拉伯的吉達。碰巧當時約旦的諾亞王后（Queen Noor）也邀我過去，在紐約亞洲協會買過我設計的珠寶。於是我先取道安曼，成為諾亞王后的座上賓，住在可以遠眺阿卡巴灣（Gulf of Aqaba）的招待所，窗外的風景令我想起了電影《沙漠梟雄》（*Lawrence of Arabia*）。

其後，我從安曼飛到吉達。不需要簽證，阿卜杜拉還派了個助理來幫我打點一切，不論我走到哪裡，身邊都有一小群仕女圍繞。阿卜杜拉的女兒莎拉（Sara）和她的夫婿費瑟（Faisel）都是非常好的人。更幸運的是，我的老朋友，從事中亞飛機買賣的大衛．薩斯伯格（David Salzburger）也正好來到了吉達。

2007 年，我又去了吉達，那次是參加香港各界婦女聯合協進會主辦的旅遊活動，應沙特前總領事的邀請拜訪吉達，他已經升官到外交部去了。在協進會主席林貝聿嘉和副主席何超瓊的帶領下，我們受到熱烈的歡迎。

莎拉．阿里瑞扎為我辦了一場成功的珠寶展銷會，來的人非常多，受邀的來賓個個見多識廣，眼光精準，而且品味非凡。

我到現在還記得那位大力鼓吹女性受教育權利的露娃公主（Princess Loulwah Al-Faisal Bin Abdulaziz）優雅的身影。

2006 年，我出席路易 · 威登在北京瑰麗酒店舉辦的一場活動，經歷非常難忘。活動目的是介紹藝術家徐冰花了三年時間設計的一款旅行箱，當時路易 · 威登的中國總裁范衛聯（Jeffrey Hang）主動過來跟我打招呼，一開口就跟我說：「我 1993 年就聽過妳的大名了。尼曼的聖誕禮品目錄裡頭有一隻妳設計的手鐲，我為了買來送給我媽，還努力存了一陣子錢呢，我媽到現在都還常戴。」

聽到奢侈品業界的龍頭談起我當年的成就，是多麼開心的一件事啊。總部位於德州達拉斯的尼曼確實是我最好的客戶（范衛聯就是達拉斯人），他們的聖誕禮品目錄相當權威，非常受歡迎。我也還清楚記得那隻手鐲的樣子——它主要是黑瑪瑙和白色的珠母貝組成，再用表面凸圓的藍寶石和紅寶石點綴，底座是純銀做的，還鍍上了 18K 黃金。將顏色寶石鑲在純銀上再鍍金，是很大膽的手法，但如果做得好可以歷久不衰，而這正是我最擅長的。50 隻手鐲全賣出去了，經過這麼多年，聽到客戶常戴著它，我真的高興極了。

現在我雖然還有些忠實客戶，也會私下辦一些不定期活動，跟幾個本地或國際組織也有合作，但我基本上已經從珠寶設計界

路易威登中國總裁范衛聯存錢買給母親的，就是圖片中間那款手鐲。

淡出了。我熱愛珠寶設計，但它已不再是我關注的焦點。過去幾年，每年9月底我都會在典亞藝博（Fine Art Asia）擺個展位。典亞藝博是個國際性的展覽，展出珠寶、小型藝術品、歐亞的古董及現代藝術。另外，我也會參加10月北京的嘉德拍賣會。

我為香港會議展覽中心策劃了一些專題展覽，介紹漢斯．韋格納（Hans Wegner）、阿爾瓦爾．阿爾托（Alvar Aalto）等歐洲現代家具大師。我也策劃一些當代日本和中國設計師的展覽，其中包括日本Nendo設計師事務所、中國邵帆和田家青的作品。除此之外，我也策劃過一場展覽，展示中國圈背椅對漢斯．韋格納等 20 世紀歐洲設計師的影響。

我還在紐約、倫敦、北京和上海四處演講，舉辦座談會。在慶祝香港回歸中國 20 週年的活動中，我獲選為香港最具代表性的 20 位設計師之一。介紹香港設計成就的系列展覽從 2016 年 4 月首先在米蘭展出，之後在香港、首爾和芝加哥陸續登場。

我的生活還是這麼緊張忙碌、多采多姿，過得稱心滿意。我的一生好像乘搭過山車一樣，不斷攀升高峰。我在珠寶和飾品設計方面的努力開花結果，也得到了認同。同時，我對歷史和文化的貢獻也獲得了肯定。這一切，讓我更確定這兩個領域都是我的最愛。

「藝術會自己説話；設計需要展示過程。」

倫敦設計博物館館長
— 德揚 · 蘇德迪奇

"Art speaks for itself; Design needs to show process."

Director,
Design Museum, London
— Deyan Sudjic

第二部分

設計與理念

Furniture in the Living Environment
家具與居家環境

1996 年，香港人一批批出走。一年後英國就要將這片土地交還給北京了，當時很多香港人覺得前路茫茫，對未來非常悲觀。值錢的中國古畫和陶瓷多半已經運出香港了，而體積龐大的古典家具，雖然很值錢卻不容易搬動。我對中國家具一直很有興趣，不是為了投資，而是從設計、社會學和文化的角度去了解它。我也編了一本書，討論古典家具，配合新加坡亞洲文明博物館的展覽一起推出，參展目的之一是要將我的收藏品運出香港。

我想了解家具在傳統中國居家文化中扮演什麼角色。我意識到無論有錢人或窮人的家，特別是在接待賓客和進行重要決策的廳堂，家具都有一套既定而明確的擺放規則，象徵了中國人的家庭秩序。

我在 1980 年代末期開始收藏家具，藏品有硬木、也有軟木的。雖然現在的中國買家都只看重硬木，但我的想法是，百分之九十九點九的人用的都是軟木家具，而這也是我覺得最有意思的一點。我編寫的《中國古典家具與生活環境》終於在 1998 年以中英雙語出版。這本書是毛岱康（Catherine Maudsley）和我合編的，還請到博學多聞的中國家具學者王世襄教授，以出眾的書法為我們寫了一篇寓意深遠的序言。王教授是研究中國家具的先驅，他的認可證明我的興趣以及研究方向是正確的。

王世襄是位傑出的學者，名副其實的大人物。他花了 40 年的時間研究中國家具和木料，1985 年在香港三聯書店出版了他的鉅作《明式家具珍賞》，徹底顛覆了我們對中國家具的理解。我把自己的書取名為《中國古典家具與生活環境》，希望盡可能一一羅列我們見到的家具風格，以及它們在現實世界中的用途。我想呈現的是中國廣大平民生活的空間，而不只是不食人間煙火的貴族世界。王教授在序文中指出，我的書「旨在開拓綜合研究」，在探討家具在居家環境中的角色時，是非常關鍵的一個角度。王教授研究硬木家具的經典之作，沒有討論社會或經濟的脈絡，而是聚焦在家具分類，但無論如何，他的著作是一個里程碑，是家具分類和分析的權威，教導我如何收藏中國家具，並且更深入了解中國人如何佈置他們的住宅、如何居家生活，幫助我分析家庭組織，乃至鄰里之間的關係、品味和社會風俗。這確實是一個宏觀的透視。

王世襄教授是研究中國古典家具功能和結構的第一人。中國家具從元朝末年開始發展起來，到明朝達至全盛。上好的家具都

小序

家具在南宋時已有家生動使之稱（見東京夢華錄、夢粱錄）。家生者家中生活用具之謂，吳語沿用至今。動使者可移動使用之謂，有別於固定不動之居室軒堂庭園。其間雖有大小之殊、動定之異，為人使用則一。且其設計、修造、布置、經營，又無不見使用者之意志情趣。今日所謂之生活環境，實由家具、建築、庭園組合而成，相互關連，密不可分，早為世人所共識。惟歷來著述，每言家具，言建築，言庭園，獨少合而論之者。頃啟妍女士徵集有關家具、建築、生活環境之作，裒輯成集，旨在開拓綜合研究，探索輔成規律，藉收美化生活之效，誠藝林之創舉、學苑之新猷，可喜之至。屬撰小序，爰抒蠡見如右，博雅君子幸有以教我。

戊寅新春 暢安王世襄撰並書

王世襄教授在我的著作中用毛筆字寫的序言

是用珍貴的硬木做成，有美麗的紋理和豐富的色彩。這些木料都是從海南和越南半島進口的。在明朝，只有少數人例如官員和文人階級，才能取得紫檀、黃花梨或是雞翅木之類的珍貴木料。至於一般不那麼顯赫的家庭，家具多半使用中國本地出產的軟木再塗上薄薄的一層漆。然而木料的專業處理、家具的精工雕刻、優美的造型比例，加上中國傳統的榫接工法，這一切使得中國家具不再只是「工匠」的層次。

我們可以這樣說，中國古典家具的全球市場在 1940 年代開始萌芽，之後沉寂了幾十年，一直到 1980 年代才再興盛起來。1940

年代末期，德拉蒙德（Drummond）兄弟把中國古董家具帶到了紐約，同一時間，盧芹齋也在他巴黎那間花俏多彩的古董店賣中國家具。然而，定義中國硬木家具，並且承認其重要性的關鍵人物卻是古斯塔夫．艾克（Gustav Ecke）教授。他的觀點深受包浩斯（Bauhaus）的影響，在 1940 年出版了一本書談中國的硬木家具，這算是探索階段。這本書只印了 100 本，然而還是讓大家注意到這種重要的木製家具樣式，並且對它有了深一層的了解。

我認識艾克教授的太太貝蒂（Betty），和她在一起總是那麼愉快。有一天她邀我一起去拜訪王世襄教授，在北京的一個胡同裡，是一棟別緻的明初大宅。我去了，卻發現那宅子髒得不得了，到處都是灰塵。王教授和他的太太為我解釋那房子的情況說：「我們覺得與其打掃房子，不如將有限的時間拿來看書寫字。」可想而知，滿屋子都是上等的明式家具，但多數沾滿了灰塵。

越是耳熟能詳的詞彙，越容易被看作理所當然，反而忽略了它真正的意涵。中文的「家庭」就是這樣的一個詞，它可以指「家人」，也可以指「一家人共同居住的地方」。「家庭」字面上看來就是「有著庭院的一戶人家」。「家人住在一個屋子裡」是中國社會最基本的組成單位，「有著庭院的一戶人家」則是住家的基本原型，無論簡樸奢華，是小是大，「家」都是在這個基礎之上建立的。

另一個耳熟能詳的詞是「家具」。中文的「家」可以是「房子」、「居所」，也可以是「家庭」，「具」的意思則是「用具」，因此，家具就是「家裡的用具」。從前的家具有哪些功能？人們是怎麼使用家具的？屋子裡擺設家具的規矩背後，有什麼哲學或社會涵義嗎？而這套規矩的形成和使用又是基於什麼情況、什麼道理呢？再者，房子和建築的關係是什麼？這些都是我想探究的，當然還有其他議題。研究這些議題是了解古代中國生活非常有趣的入門。有關文人和官宦階級所使用的家具、他們的居家生活及建築等，研究和著作已經非常多了，而我的書把這些統稱為「居家環境」，當作整個有機體來探討。

接著我又編了《古承今襲：中國民間生活方式》，同樣是 1998 年出版的，收錄了何培斌教授的文章，還有李宇翔的精美攝影作品。這本書指出傳統中國房舍在結構、形式和空間配置方面的共同元素，特別著重探討不同地理環境、不同族群各自的生活方式，也討論各類型的家庭結構及中式房屋在功能上、社會上的涵義。中式房屋「之所以是那樣的結構，為的就是形塑家庭組織，編織社會網絡，建立倫常關係，藉此將家庭和社會大世界連結起來。」

研究過程讓人著迷、獲益良多，令我這個歷史學者歡欣喜悅，也令我更了解自己的根——中國文化。要了解屋裡和屋外的世界，事實上涉及許多面向：社會、政治、經濟、歷史、文化皆是。在《古承今襲》中，我們討論了山西、皖南、江南、閩西和香港這五個地區的民間居家環境，討論各地房屋在形式、建築工法以及建材方面的異同，還檢視了各地特有的建築風格及裝飾特色。

中國文化源遠流長，綿延不斷，這可能會令人認為它是一個單一性極高，各方面平衡穩定的社會，但事實並非如此。自從1980年代以來，隨著越來越多文物和古代記錄出土，加上前往偏遠地區研究和交流的機會增加，往往讓人有新的觀察和思考。中國社會雖然有一套明確的紀律，但不同地區仍然存在鮮明的差異，充滿創意和蓬勃的生命力。此外，中國社會雖然相當保守，嚴守一些共同的文化傳統，但每個地方還是各自有獨特的呈現。「民間」這個詞指廣大百姓生活的地方，地理上也意味著遠離京城、遠離中央，富有當地特色。近年來，人們對民間的家具形式和居住空間越來越感興趣。《古承今襲》這本書從只有一間房的樸素農家，到好幾進的士大夫宅邸，甚至富商巨賈的豪宅廣廈，都一一介紹了。

多少個世紀以來，中國的民間藝術透過很多無名工匠之手保留了下來，更發展出許多不同的演繹。認識這一點是非常重要的。他們擅長搭建房子，裝潢內外，是多才多藝、技術高超的大師，卻沒有得到應有的重視，是無名的英雄。他們為我們的家居製作門窗、間隔，甚至打造家具和各式擺設，為中國民間藝術傳統的蓬勃生氣和多樣面貌默默貢獻。

古老的習俗，加上儒家思想的規範，主導了中國房屋的空間秩序，促使中國人努力追求和諧與運程。在這過程當中，風水扮演了關鍵的角色，因此中國人著重室內的家具佈置方法，以求趨吉避凶。在瓷器、織品、琺瑯、家具和雕刻上畫上吉祥的圖案，是民間工匠秉承傳統的要素，也是他們靈感的來源。直到近代以前，中國農村大多數人還是不識字的，因此借助符號表達吉祥之意，是最直接有力的辦法。這些承載著寓意的符號給人帶來希望，激發人們對美好生活的嚮往。直到現在，民間信仰和傳統習俗依舊是全球華人最緊密的連結。無論我們對過去了解多少，現在如何，這些我們統稱為「中華特質」的意識和連結，都在我們的傳統信仰、習俗和行為模式中體現出來。這是中國文化的根本，自古以來反映在中國民間建築和家具中，充滿了生命力和絕美的視覺效果。

近代以來，中國雖然經歷了很多動盪，那傳統的家庭觀、居家環境及社會規範，仍然得以保存下來。我覺得我的著作開啟了一種新的詮釋方式，為中國家具和建築這兩項元素之間的關係提出了新的見解。這兩個元素是相輔相成、一體兩面的，但以前人們不是這樣看。這也是為什麼在傳統的中國，建築始終一成不變。工匠精進自己的技術，父傳子，代代相傳，手把手地按著傳統交給下一代。然而也是拜這特質所賜，中國製作家具的傳統才能歷久不衰。不過，現在一切都慢慢地改變了。

我基於對中國建築與家具的熱愛寫了這本書，首次將古典和民間家具放在一起描述和討論。我關注的焦點不只是家具的造型和木料的異同，也關心它們的比例、線條和洗練的程度。就這點來說，許多民間家具在外形、韻味和意趣方面，都不比明式硬木家具遜色，儘管很多人認為後者的藝術性較高，價錢也貴得多。

我們一定要對中國傳統社會的背景和模式有所了解，才能突破表象，了解民間及上流社會在家具上的深層差異和共通點。一方面我們要懂得中國社會嚴格的階級思維、紀律和傳統，另一方面也要了解中華文化是多元的，不同地區都有色彩鮮明而獨特的文化。古典家具是為社會菁英及權貴階級打造的，因此從製作到修飾，各個步驟必然都講究精雕細琢。材料通常是東南亞進口的上等硬木，做工要能達到貴族世家優雅、細緻的標準。至於民間家具，除了遵循傳統的造型和樣式之外，由於不需要迎合文人的品味，因此可以比較浮誇，比較自由奔放，細節上有較多的變化。

收藏是一個不斷學習、自我進步的過程，同時它也讓人學會謙卑，時時接受新的刺激。隨著新資訊的發現，對許多事物會有新的理解，新的觀點。以前，有關民間住宅的文獻資料幾乎是零，到 1980 年代中國放寬旅遊管制後，大大提高了研究人員和愛好者實地造訪的可能性，交換意見的氛圍也越來越開放，有關農村、農家、鄉村建築的研究紛紛出爐，使我們得以窺見民間生活的樣貌。

1990 年起，古董市場上出現越來越多帶有地區特色的家具類型。這些用各種木材製作的家具，各有獨特的風格、造型和雕刻，全都是前所未見，或以往只有少量珍品。因為這樣，古董商、收藏家和愛好者得以研究、比較，並提出新的見解。一般人比較不常討論的一個話題是，中國原生的木材種類繁多，但到目前為止，它們的分類主要都是按照當地人或傳統的說法，而不是根據植物學。一般人根深柢固的想法，認為只有紫檀、黃梨木才值錢，或也算上雞翅木。如果我們仔細檢視古典和民間家具的異同，以及它們所使用的木料，就能看出每個地區藝術文化的特色，進而說明中國在歷史的長流中，社會風貌與經濟發展的過程。

我認為家具是生活中非常重要的一部分。就如同王世襄教授為我寫的序文中所說，家具者，「可移動使用之謂」，而房子則是居家環境的根本。他的真知灼見一語道盡我文化之旅的核心，就是探索中國人之所以為中國人的根本。再者，我也想了解，數百年來，中國文化（如家具、絲綢、瓷器和其他藝術品）究竟是如何激發人們不斷探索，潛移默化，左右我們對品味和意趣，進而讓中國的商品風靡歐洲？

我很久以前就立志開拓中國家具與建築的新視野，幫助人們對中國的生活方式和中國文化的本質有全新的認識。這些跟我創作珠寶沒多大關係，我只是希望認識中國、了解中國，了解中國人現在和以往的生活哲學及方式，然而這一切最終都反映在我的思維模式及言行之中。

在中國古代，家具設計著重的不只是功能，還要能增添屋子和庭園的整體美，讓生活環境更賞心悅目。但歐洲人對家具有不同的詮釋。丹麥設計大師芬．尤爾（Finn Juhl）就說過：「工匠和雕刻家掌握『型態』的能力是一樣的。椅子不是用來裝飾空間的藝術品，它本身就應該是一種『型態』，一個『空間』。」這句話說明了他對自己作品價值的肯定，也道出藝術和功能性器物的差異——後者的價位通常比較低，必須兼顧實用，但藝術品不需要有這層考慮。我收藏中國家具，也收藏現代北歐家具，衡量它們兩者之間在物質上和精神意涵上有何異同，過程很有挑戰性，但也同樣喜悅。中國家具擁有一個成熟而睿智的系統，四平八穩、簡潔俐落、恆久不變。就像艾克教授觀察到的，它在很久以前就已經非常成熟了。

傳統中國社會沒有所謂的建築師，無論是宏偉的大宅還是簡樸的小房子，通常都是建房子的師傅包辦的，這類大型工程稱為「大木作」，至於房子的內部裝潢和家具則是由專業工匠負責，也就是「小木作」。木製品都是利用古老的榫接技法結合。家具就是居家環境的一部分。

我開始對現代北歐家具感興趣，契機是設計師漢斯·韋格納（Hans Wegner）1943 年的作品「中國椅」（China Chair）。他在這之前透過寶隆洋行取得一款圓背椅，深深為之著迷。寶隆洋行於 1897 年成立，最初負責丹麥和遠東地區貿易，包括泰國、越南和中國等地，後來業務範圍更擴大到其他地區。

韋格納的作品不同於外框硬邦邦的歐式座椅，當時他已經注意到人體工學了。他的中國椅有著圓弧狀的椅背，讓身體有足夠的活動空間，令坐在椅子上變成一種享受。1949 年，他創作了「那張椅子」（The Chair），並如此自述：「再接再厲，更加精簡，將木材盡可能裁切成最簡單的元素，用 12 個榫頭和榫眼，外加 2 根指接榫，就將 11 塊木材組合成椅背和扶手了。」

韋格納在後來設計的旋轉椅或辦公椅上，把人體工學運用得更淋漓盡致。中國家具從不考慮舒適度的問題，座椅就是要擺放在適當的地方，達到功能上的效果，而且一個人對一張椅子的喜惡，很大程度是根據它的素材決定的。西方的思維不同，家

對我影響不少的漢斯 · 韋格納的作品，坐得很舒適的「中國椅」。

具應該是外形與功能的結合。

早期的圈背椅從 1914 年凱爾 · 柯林特（Kaare Klint）設計、有藤編椅背的「郊區椅」（the Faaborg chair）開始，到奧萊 · 萬夏（Ole Wanscher）1958 年的作品「扶手椅」（the Armchair），再到 1959 年由艾傑 · 拉森（Ejnar Larsen）和亞素 · 班德 · 梅森（Aksel Bender-Madsen）合作設計的「大都會椅」（the Metropolitan Chair），全都是經典。大都會椅有寬闊的圈背設計，完全以皮革包覆，充分說明了一張設計高超、精工打造的椅子其實就是一件雕塑藝術。

我也收藏了芬蘭建築師及設計師阿爾瓦爾．阿爾托（Alvar Aalto）的作品。他擅長處理木料，他的創作是一種有機整體，是向自然的致敬。如果說中國的榫接工法是不朽的巧思，那麼阿爾托引進的曲木處理法，便是徹底改寫美學與技術的重大突破。他令家具不只放在建築與空間的脈絡下討論，而是深入到整個萬物的生態系統。

阿爾托雖然以建築作品聞名於世，但他的家具設計也被譽為北歐現代風格，展現他對自然素材，尤其是木材的情懷，進而開啟了簡化設計、引進新技術的實驗。他首創的製作工序，例如夾板的曲木處理，為他贏得了無數專利。

中國家具的價值，很大部分是根據它的樣式和木料決定的，以紫檀、黃梨花、雞翅木和楠木為最珍貴。因此，一般被認為不那麼上等的夾板，即使材料是原生於芬蘭、罕見的捲曲樺樹（Curly Birch），即使阿爾托大名鼎鼎的帕米奧扶手椅（Pamio chair）用的也是夾板，這一切都不足以讓它躋身上等木材的行列。依我看來，這個觀念需要修正。阿爾托這張椅子是實至名歸的極品，他首創的懸臂榫接技術，打造出無接縫的優雅線條，說明了好的設計可以是各種靈感、知識與創新的綜合體。珠寶和飾品又何嘗不是如此呢。

House, Home, Family
家居、家和家庭

打從 1990 年代初期開始，我就常到中國中部和北部旅行，還編了四本頗受好評的書，討論中國的家具、陶瓷、文化傳統和民間的生活模式。我的目的是了解中國人的基因和生活方式——無論是遠古還是現代的——嘗試深入認識中國和中國文化。

一開始我是在何培斌教授的陪同下，參加大學的探訪團，那時候何教授在香港中文大學建築系任教。我們在 1999 年合作寫了一本精緻的小書叫《古承今襲：中國民間生活方式》，介紹中國的五個地區，每個都有自己的民間文化和區域特色，特別是安徽的黃山地區，對傳統文化的保存做得比中國大多數地方都好，主要是因為這裡非常偏遠，沒有太多工業活動，直至今天仍然變化不大。

2001 年，我們以《古承今襲》的內容為本，策劃攝影展，先是在香港大會堂，後來又到紐約華美協進社展出，相當轟動。那些年我遊走中國各地，身為香港華人，受中國文化與社會習俗的薰陶，對了解一個文化所能帶來的情感連結和充實，感觸很深。經過華美協進社的安排，許多學校組團來參觀展覽，為不同族裔的孩子留下深刻的印象，特別是那些在美國出生、從沒看過中國農村面貌的華裔小孩。

我對中日兩國建築和宗教的認識，很大部分都要感謝何教授的引領。他現在是新加坡南洋大學建築、設計與環境學系主任，這是個結合多個學科組成的重要新興科系。我也從那仲良教授（Ron Knapp）那兒學到許多，他是全世界最優秀的中國人文地理學者之一，我們合寫了《家：中國人的居家文化》一書，最初是用英文寫的，2005 年出版，後來於 2011 年翻譯成中文。書中收錄了很多重要的文章，都是出自文化與社會歷史學大師之手，有助我們了解中國之所以為中國的核心特質。唯有擅於詮釋的學者，才能在跨領域研究中發揮作用和影響力，但在中國，有這種功力的專家並不多。這正是我的目標，我是一個研究跨領域學術的人，擅於多方融合。我很慶幸自己讀的是歷史，因為史學的訓練教會我評估關聯和差異，並且長時間專注於文化、文明和生活等多個領域的研究。

我由歷史學者搖身成為珠寶設計師，但我的設計是植根於文化的，融合了歷史和設計這兩個領域。就學術界對中國家具和建築的了解，我在某些方面是盡過綿力的。但這兩個領域和我的珠寶設計工作絲毫沒有關聯，我的努力只是為了認識中國、了解中國，理解中國人生活、思維和行為的模式。

史景遷（Jonathan Spence）是我非常景仰的一位漢學家。他的著作對中國文化和歷史有非常深刻的了解，這也是他獨到之處。我也非常欣賞藝術史學家柯律格（Craig Clunas），他是牛津大學藝術史學系第一位教授，最近剛退休，專長是研究明朝的物質文化。在明代藝術、商人階級興起如何影響中國社會與經濟發展的研究方面，他帶來前所未有的新貢獻。他針對明朝藝術家與文人所作的研究有重大的突破，發人深省。

簡．斯圖亞特（Jan Stuart）是大英博物館亞洲藏品部前助理館長，現在搬到美國華盛頓，在史密森尼學會轄下的弗瑞爾美術館任職（Freer Gallery of Art）。她曾對我說：「你的每一本書都令我留下很深的印象。你將藝術、設計和生活當做一個整體看待，這是非常特別的。你總是從歷史的角度出發，又是真正的鑑賞家，這樣的人真的很少。」她這段話是針對我幾本有關中國社會和民間文化的著作，以及我 2010 年編的《香港：創意生態——設計文化的塑造》有感而發。她是藝術史學者，專攻中國文化，她的話對我的學術成就和努力的方向是很大的肯定。

20 世紀初，有許多中國藝術和家具的研究著作出版，但它們多半是外國建築師和藝術史學者撰寫的。那時候有關中國建築的資料不多，有興趣的人也很少。直到 1925 年，詳論宋朝建築工

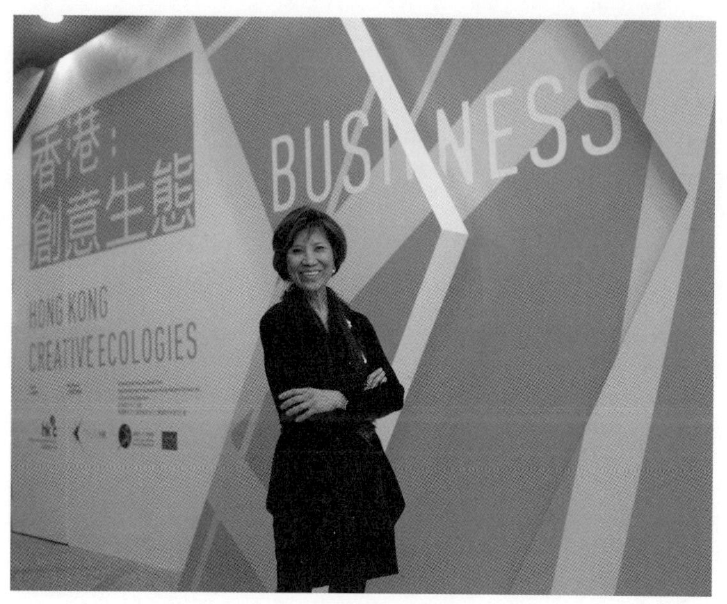

我的展覽 2010 年在上海舉行，我在策展中學到了很多。

法、包含了平面施工圖和建材規格等內容的《營造法式》出版後，情況才有所改觀。它其實是早在 1103 年就初出版的古書，到民國年間由朱啟鈐發現了它的抄本。《營造法式》和 1734 年的《清工部工程做法則例》，是中國近千年來有關這個題目僅有的兩本著作。到了 1950 年代末期，傳統中國建築的研究漸成風潮，但一直要到 1981 年，學者才成功解開《營造法式》當中一個關鍵的謎團，破解測量和建築標準的秘密。

關於營造居住環境，還有另一本重要的著作《魯班經》。它的寫作的年代推測是元末明初，正式成書則是晚明萬曆年間。它是給木匠看的工作手冊，有大量插圖，其中有部分篇幅討論如何製作家具和工具，也說明怎麼建房子。

除了上面幾本匯總性質的書籍外，怎麼用木材和板材建屋子的知識，似乎只有建築師傅和木匠才知道，而且都是口耳相傳。在古代中國，工匠被視為單純的「工具」，現在我們認知的「建築師」這個詞，在當時是不存在的。中國傳統建築都是工匠根據特定的形制和尺寸打造出來的，和房子結構有關的工程稱為「大木作」。

木頭是古代中國形塑居家環境的核心。房子和家具幾乎全都是木製的，木材不但容易取得，用途多，而且有彈性，容易做成不同的形狀和大小，質地也不會過硬，可以作雕刻或在上面做一些裝飾。更重要的是，木材也很適合複雜而精巧的榫接工法。此外，木頭韌性強，耐震，儘管中國古建築不常毀於天災，反而火災和日久失修的比例更高。中國現存最古老的木造建築是山西省五台山的南禪寺，建於公元 782 年，原本規模比較大，但現在只剩小小的正殿。年代僅次於南禪寺的木造建築——佛光寺也在附近，它規模較大，現存的東大殿建於公元 857 年。中國的宮殿、寺廟、大宅院乃至小型住家多數採用軟木，柱子則使用硬木。在日本保留了不少宏偉的木造建築，看見這些以中式建築為範本興建的文化遺產，相較之下，我們不禁要問，中國為什麼沒能更妥善保存自己的建築傳統？

古代中國的木工分為「大木作」和「小木作」，但不管哪一種，他們都不算是建築師，只是無名的工匠。他們的知識和技術都是父子或師徒相傳的。中國建築得以發展，這些工匠淵博的知識貢獻良多，但這同時也是中國建築進步緩慢且保守的主因。

「小木作」的師傅負責打造房子內部，包括間隔、花格窗、窗框、門和天花板的製作。任何小節在富貴人家的府第都要精雕細琢。他們也負責製作所有家具和小擺件，包括椅子、床圍、各式層架、屏風和箱子。在裝飾風格或採用的圖案方面，建築物和家具大同小異。木匠不但手藝好，而且很有巧思，將複雜卻實用的榫接結構不斷演繹、簡化、延續，創造出新的形式和可能。此外，談到對中國建築的貢獻，我們非得為梁思成和林徽因夫妻記上一筆。他們仔細考察並記錄中國人忽視已久的古建築，讓世人重新注意山西五台山的佛光寺。

Bright as Silver, White as Snow
如銀似雪

1970至1980年代，我剛開始收藏中國工藝品，將重心放在古玉、顏色寶石、小件的雕塑和銅製飾物。這麼做有部分原因是這些東西價格不高，而且符合我的需要，我可以將它們做成出色的飾品佩戴，為日常生活增添情趣和色彩。對於收藏，我的態度既專注又隨性，部分是因為這些東西當時並不像現在這麼搶手及昂貴。

我欣賞明清瓷器的精美細緻，但它們卻不曾真正打動我，令我想去研究它們背後的工藝，也從來沒為了擁有它們而努力存錢。再說，就算當年這些東西比現在便宜得多，但上好的瓷器對我來說還是高不可攀。1970 年代，我每天去大英博物館閱覽室的路上，都會在上層的長廊逗留，瀏覽那裡展出的五代到晚宋的白瓷，是一件賞心樂事。

博物館附近有棟建築，展出了著名的斐西瓦樂·戴維德（Percival David）典藏。戴維德收藏的宋、明、清代陶瓷，被譽為北京和台北故宮之外最佳的私人收藏。在他擁有的1,700多件文物中，這個展館收藏了約40件白瓷，從五代到金朝，據說都是在市集上從清朝的王公貴族手裡買來的。有個說法是，1900年義和團圍攻東交民巷之後，皇室成員在兵荒馬亂中把這些帶到市場上求售。而在1880到1895年間，據說慈禧太后也拿了很多古董作抵押品，去跟中國的銀行借錢。在那段期間陸續收購、成型的戴維德典藏，一向以平民教育為使命，起初他將這批藏品捐贈給倫敦大學旗下的科陶德藝術學院（Courtauld Institute），後來才成立基金會，隸屬於倫敦大學亞非學院（SOAS）。

因為經費的關係，那邊的展館在2007年末關閉了。同年4月，曾經在1993和2018年兩度捐款整建大英博物館長廊的何鴻卿爵士再度捐助經費，戴維德典藏才得以移師到大英博物館長期展出。現在這些藏品都擺放在一個優美的特定展場（95室），開放予民眾參觀。

有幸和大英博物館的大批瑰寶這麼親近，我便常利用午休時間細細欣賞那些精美的陶瓷，特別是戴維德典藏中我偏愛的白瓷和青白瓷（又稱為影青瓷）。當然，那時候我一點都沒想到，有那麼一天，在1980年代末至1990年代初，這類瓷器珍品慢慢出現在香港市場，而我也有機會收藏。1970年代以來的白瓷收藏家中，最知名的是瑞典國王和他的朋友、瑞典企業家卡爾·坎普（Karl Kempe），另外還有一群日本收藏家，包括住友集團的成員。

唐末到宋末這段期間的白瓷，外形純淨洗練，與日本人的美學不謀而合。住友商事的董事們決定網羅 144 件具有代表性的中國瓷器，其中有許多是 7 到 13 世紀的白瓷和青白瓷。之後，住友將這些有很多件被封為「國寶」的收藏品，捐了給大阪市立東洋陶瓷美術館。這批瓷器和戴維德典藏以及台北故宮博物院部分上乘的藏品，並稱全球陶瓷藝術之最。

我在日本積極推銷珠寶作品的時代，常會偷閒到東洋陶瓷美術館逛逛，望著館內的中國白瓷、青白瓷、青瓷以及韓國青瓷等瑰寶垂涎，艷羨不已。美術館展示的瓷器非常完整，讓人有機會同時欣賞中國與韓國的陶瓷傑作，令我獲益良多。

參觀東洋陶瓷美術館還有一個額外的收穫。訪客可以在美術館的商店內買到精緻的白瓷複製品，到現在我要舉辦特別的晚宴時，也還會開心地拿出來用。我還清楚記得，2002 年左右，倫敦蘇富比中國藝術品部的主管朱湯生（Julian Thompson）和另外一位知名的陶瓷專家，看到我餐桌上的宋瓷碟子時，驚喜地喊出：「歡迎來到開封！」

從 1990 年初一點一滴慢慢開始，我總共收藏了近 70 件五代到北宋年間的白瓷和青白瓷，另外也收藏了一些南宋的作品。這些藏品的價格都遠低於明朝和清初的彩瓷，這是我能實現收藏夢想的最主要原因。瓷器簡潔優美的線條、素雅的色澤，深得我心。它們在中國文化的發展過程中，一向被視為品味的極致，是那個時代文化成熟與高度鑒賞力的表現，向來為文人和帝王所追捧。

瓷器鑑賞文化的興起帶動了贊助的風氣，促使贊助者和工匠以追求完美為目標，工匠紛紛投上流社會所好，製作內斂簡約的典雅器皿。皇族和收藏家製作目錄，撰文介紹自己的藏品，這些瓷器都是按照他們的要求訂製的，不同於一般民眾所用的器皿。人們不再認為陶瓷是低廉之物，或金銀等貴金屬器皿的代替品，而是把它們當藝術看待。至於精美的硬質瓷，則要約一個世紀之後才誕生，它的奢華和工藝上的成就，甚至使得西方人直接以瓷器的英文「China」稱呼「中國」。

在公元 9 世紀，飲茶已經搖身成為一種藝術，而白瓷則是公認最能襯托茶的器具。唐代的茶藝大師陸羽寫了一本經典名著《茶經》，記述了白瓷的精神、外觀和功能，認為它是最完美的茶具。他形容白瓷「類銀」、「類雪」，啟發我想到了「如銀似雪」四個字，作為羅啟妍藏品展及展覽目錄的標題。這個展覽 1998 年 10 月在丹佛美術館（Denver Art Museum）開幕，為期一年，知名瓷器專家康蕊君（Regina Krahl）特別為此寫了篇文章，深入探討白瓷工藝，並親自為 59 件展品撰寫標題和說明。

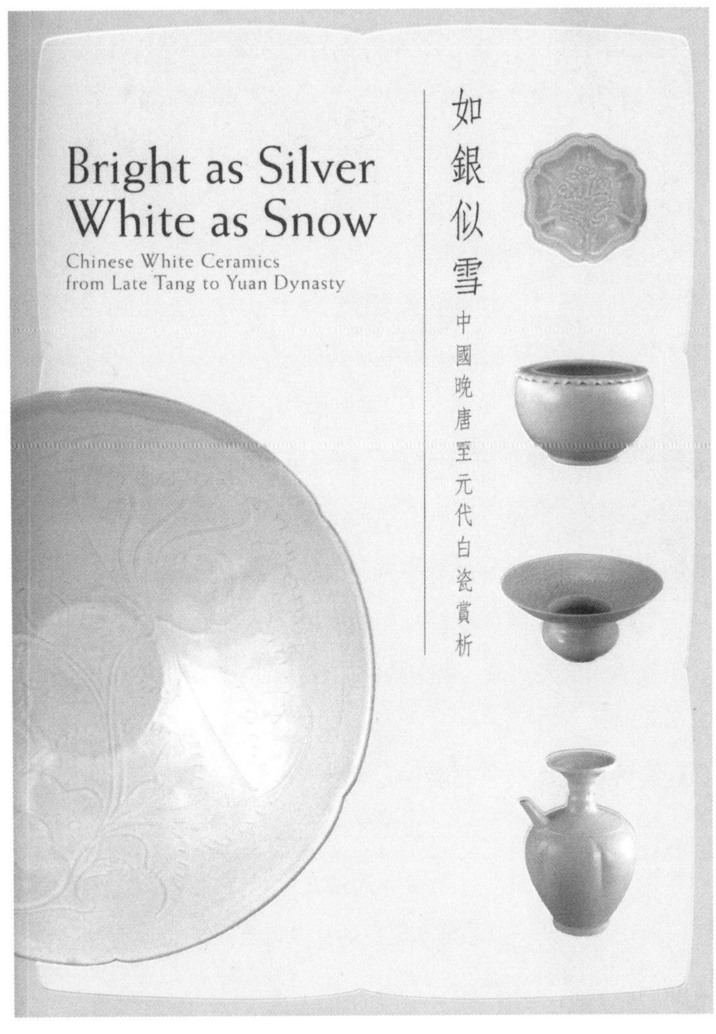

1998 年 10 月我在丹佛美術館的展覽圖錄，標題正是《如銀似雪》。

展覽目錄中，還有另外三篇知名學者的文章，闡述兩宋昌盛的物質文明與文化。北京故宮博物院李知宴教授深入淺出的《論唐宋白瓷和青白瓷》，大英博物館東方藏品部前助理館長韋陀（Roderick Whitfield）教授探討《北宋的物質文化——張擇端的世界》，另外印刷史專家艾思仁博士（Dr. Sören Edgren）則撰文討論《南宋時的杭州——印刷文化透視》。

這幾篇文章，加上我自己寫的序《盛世豐華——宋代社會掠影》，描述了一個在軍事上積弱不振，在知識文化上卻蓬勃發展的宋朝。這個時期有許多藝術形式，無論是繪畫、文學、詩詞、哲學，甚至倫理學都百花齊放，高度發展，而這主要歸功於印刷術的重大突破，為中國的社會秩序帶來了根本的改變。

印刷術的發明促進了新觀念的傳播，擴大了知識分子的階層，人們開始質疑既定的價值觀和傳統，同時也帶動了官方和私人圖書館的成立，書院如雨後春筍般在全國各地的城鄉冒起。隨著印刷術的普及，很多足不出戶的婦女得到閱讀和書寫的機會，書籍的內容也更多樣化，不再只限於傳統經典、詩歌、散文等社會菁英的讀物，亦出版了很多討論農事、健康和宗教儀式等實用的書籍。這是人類史上第一次平民百姓能輕易地取得這些資訊，就是因為印刷的發展。

宋朝經濟蓬勃發展，農業技術進步、產量大增，工業技術、交通運輸、通訊和商業組織都有很大的突破，人口快速增加，社會欣欣向榮，生活水平大幅提升。但在中國歷史上，恐怕也沒有任何一個朝代比宋朝更堅守儒家的規範。滿洲的先祖女真族征服中國北部之後，宋朝於 1127 年遷都杭州。杭州的人口和經濟發展很快就超越北宋時的開封，權貴階級的贊助帶動了藝術品製作的需求，技術的進步則成就了傳統陶瓷業、絲織業、漆器業和石雕業的蓬勃發展。

宋瓷的蓬勃景象，除了原料和燒製技術的進步，更應歸功於精湛的工匠技術。絲織、陶瓷和藝術品工坊，包括民營官營在內全都生意興隆。這個時期也是人類首次發行紙鈔，無論從哪個角度來看，都是一項重大的發明。離杭州不遠的磁州窰供不應求，促使其日益成長。

多年來，丹佛美術館展出香港收藏家出借的中國藝術品，令美國民眾有機會接觸到難得一見的中國藝術，受益良多。歷年來在此舉辦過的展覽包括「中國古代飾物展覽」，以夢蝶軒藏的珠寶和飾品為主體，還有葉承耀醫生借出的「葉承耀醫生藏品：中國古典家具、繪畫和書法展覽」。

我的收藏品自 1998 年起在丹佛美術館展出，直到 2012 年才返回香港。香港的社會氛圍讓收藏家有更多機會和他人分享自己的藏品，這風氣促成了一系列精彩的展覽、研討會和書刊出版。

私人收藏的影響力更藉由國外借展，遠播到香港之外。

這股收藏藝術品的風氣，最重要的推手可算是「敏求精舍」，這是一個知名的收藏家團體，希望透過展示會員的私人珍藏，提升人們對中國藝術的認識。精舍成立的緣起來自《論語》的這句話：「我非生而知之者，好古敏以求之者也。」

2011 年，唯港薈酒店為慶祝開幕，邀請了香港頂尖的建築師和設計師舉辦特展。我也應邀挑選了一些白瓷和青白瓷的複製品，在他們的貴賓廳展出。我除了長期收藏這類瓷器，自己也創作了兩個系列的「現代宋瓷」。第一個系列包括一隻淺口碟，碟上有大筆一撇，加一抹矚目的紅點。另外還有個線條簡練的單色花口碗，這是從美國藝術家塞・托姆布雷（Cy Twombly）得來的靈感，再配以一隻小托碟，才算完整的一套。

第二個系列是在景德鎮製作的青白瓷。早在宋朝，景德鎮就是中國陶瓷工業的重鎮。這個系列的造型靈感來自中亞的金屬器皿，上面有牡丹刻花和鬱金香裝飾。牡丹是唐代藝術品常用的圖案，鬱金香則盛產於中東，兩者相配，以象徵跨文化融合。

我希望有助喚起人們對白瓷與青白瓷的興趣，不只是懂得器物之美，也能了解它們的背景和歷史。除了我的收藏之外，還有我編寫的書，它們是集各家的研究、知識和見解寫成的，內容

我的「現代宋瓷」系列

不只陶瓷，更是從社會、經濟和文化背景各個面向，探索瓷器蓬勃發展的原因，讓我們一窺宋代文明的面貌——它既是本土的，卻又繁複多樣；它既是受壓抑的，卻又那麼奔放。宋朝雖然滅亡，然而它的文化充滿韌性，歷經千年演繹並流傳至今，調適轉型，成為今天我們認為「中國之所以為中國」的共通特質。

Wu Guanzhong and Xu Bing at the British Museum
吳冠中與徐冰在大英博物館

大英博物館在我的生命裡佔著一個特殊的地位，它的閱覽室建於 1837 年，我花了好幾年時間在這間 19 世紀的閱覽室裡，研讀中世紀的英國與歐洲史。我幾乎每天都穿過北館那一列列展示櫃，欣賞裡面的中國藝術品和陶瓷。我對中國陶瓷的知識就是這樣累積的。櫃子裡的文物上自戰國時代，下至遼代和宋朝的白瓷，琳瑯滿目。

説我是在大英博物館「成長」的，一點都不為過。

我也很幸運能成為大英博物館展覽籌辦人。那是中國當代藝術家吳冠中的回顧展，名為「吳冠中：一個二十世紀的中國畫家」，從 1993 年 3 月展出到 5 月，這也是大英博物館首次為在世藝術家舉辦個展。後來在 2011 年 3 月，當代藝術大師徐冰在大英博物館佈置一項重要的裝置藝術，我也有幸參與。

我要謝謝妹妹啟文，因為她的介紹，我才會開始接觸吳冠中的作品。那應該是 1988 或 1989 年的事了。那時候，啟文在香港正要搬進一間新公寓，想要一些藝術品掛在牆上。有一天她突然打電話給我，說：「我現在在銅鑼灣一家畫廊，這裡有些畫，我想你過來幫我看看。」在那之前，我倆都沒有收藏過任何中國藝術品。但就在這一天，我們踏上了收藏之路。到後來，啟文的收藏更比我豐富得多。

1980 年代的香港主要只有兩家畫廊賣中國現代藝術品，一家是中藝，另一家是榮寶齋，可是啟文去的不是這兩家，而是許禮平在銅鑼灣一棟大樓二樓開的畫廊。於是我過去跟啟文碰面，畫廊展出了數張吳冠中的畫，這是我第一次看到他的作品，讓我大開眼界，也打動了我的心。我從沒看過這麼有感情的水墨畫，它有一種律動，充滿活力，自成一格，所有的規範都是多餘的。

「現代中國藝術」這個詞今日被廣泛使用，涵蓋 1900 到 1989 年之間的創作，其中多半是水墨畫。所謂現代中國藝術家，雖然確實跳脱傳統，帶進了一些自己的詮釋，然而作畫的方式多數還是很傳統。有影響力的藝術家有些去了法國，多數在巴黎入讀法國美術學院（Ecole des Beaux-Arts）。最後一批前往法國的包括趙無極、朱德群、熊秉明，以及林風眠在杭州藝專的一些學生，杭州藝專亦即現時的中國美術學院。吳冠中比趙無極早一年入學，但據我所知，他們沒什麼私交。趙無極的家世很好，吳冠中的父親則是漁夫。2002 年左右，我跟吳冠中、趙無極和杭州藝專前校長林風眠共進晚餐。看見學生跟老師磕頭，讓我既詫異又感動。那天我們吃螃蟹，當年已近 90 歲的林風眠一口氣吃下五隻！

林風眠不只是老師，也是創意旺盛的藝術家，成就非凡。他在第一次世界大戰期間移居巴黎，算是那一代最早到法國深造的中國人。他在 1930 年代回到中國任教，後來更當了杭州藝專的校長。吳冠中也回了國，但趙無極、朱德群和熊秉明這群同學則都留在巴黎，趙無極後來更憑自己的實力揚名國際。

1980 年代，吳冠中開始在深圳及一年一度的廣交會展銷畫作。當年廣交會是中國和世界各國貿易唯一的官方管道，除了食品原料和機械之外，也交易藝術品和手工藝品，從象牙雕刻、木雕，到齊白石、陸儼少、李可染等大師的作品都買得到，是當時中國內地許多藝術家曝光的管道。

那天在銅鑼灣，我和妹妹都買了生平第一張吳冠中的畫。1989 年，吳冠中應邀在香港萬玉堂開展，我又買了另外幾張畫。後來我去了日本，花了很多時間，試著將我的珠寶作品打進日本市場。有天，我聽到吳冠中要來開展，這是他在日本的處女展，展場在東京西武百貨。我很想趕上開幕，但剛巧我在麻生家族九州的祖屋作客。能獲得他們的邀請可是難得的殊榮，而趕到東京要奔波好幾個小時。那時候，我在日本人生路不熟，很可能會迷路，最重要的是，我前一天下午 5 點才到，第二天一大早就趕著離開，感覺不太禮貌。幸好主人麻生和子很體諒我，一點也不介意，她也是吳冠中的好朋友兼粉絲。第二天，我們兩人一起坐早上 5 點 45 分的火車去東京，風塵僕僕地趕到西武百貨，參加 10 時的開幕儀式。

我們一到那裡，吳冠中的第一句話就是：「羅女士，我知道你四處旅行，交遊廣闊。幫我安排一下，在巴黎辦個展吧！」

這倒是真的，那時候我正為了珠寶事業到處奔波。我記著他的這番話，跑了全球 20 家博物館、美術館和藝術機構。當時歐洲多數博物館每三到五年才會展出一次中國、日本和東南亞藝術家的作品。至於美國，克里夫蘭、堪薩斯城和三藩市的美術館都會辦這類展覽，不過他們比較喜歡張大千、徐悲鴻那一輩成名藝術家的作品，明日之星通常要等至少五至八年才有機會展出。最後，我聽說倫敦 V&A 博物館的領導階層正在改組，館長伊利沙伯 · 艾斯特芙－歌爾（Elizabeth Esteve-Coll）對我說：「妳為何不試試大英博物館？他們剛換新館長，亞洲部還請了新的助理館長，頗懂畫的。」

傑西卡 · 羅森（Jessica Rawson）掌管大英博物館亞洲部有一段很長的時間，是玉器和古代藝術品的大行家，一位看上去非常威嚴的女士。幸虧她也同意，介紹中國當代藝術新發展的時機到了。亞洲部剛聘請的安・法華博士（Dr Anne Farrer）是研究早期現代中國木刻的專家。我努力奔走，這一次好運再度降臨，1993 年，正好《朝日新聞》的展出取消，騰出了一個空檔給我們。但當時大英博物館正舉辦荷蘭大師倫勃朗（Rembrandt）逝世 320 週年紀念特展，很明顯沒有時間、人力和資金支持我們。「你們自己想辦法，拜託好好辦啊！」他們這麼說。

我們自己募款，順利開展，最後真是辦到了。

我花了很多時間和精神策展。我們組了一個團隊，夥伴包括方毓仁、吳冠中的兒子可雨，還有我妹妹啟文。我們努力要辦好這個展，是因為吳冠中的故事深深打動了我們。他從一個窮苦人家的子弟，一路努力，成為聞名全球的傑出藝術家，但是他仍然心無旁騖、全心全意投入創作。

吳冠中 1919 年出生在江蘇省太湖邊的宜興，從小家人就期望他能跟隨父親的腳步當個漁夫。有一次他帶我去參觀他的老家，裡面就只有一個大房間和一個廚房。他很有藝術天份，靠努力考入了杭州的中國美術學院。1937 年，日本入侵中國的時候，他跟著學校一路到重慶去，後來又拿到獎學金去巴黎留學。有一次我問他是怎樣拿到獎學金的，他說關鍵是他學會了法文，能說、也看得懂。當時重慶有個法國神父，他每天走三個小時

1993 年，我與吳冠中攝於大英博物館。

的路去跟神父上課，再走三個小時回來。就這樣，因為會說法文，他拿到了獎學金，坐船去了法國，從此改變了自己的人生，改變了他看待事情的方式，也改變了描述事物的方式。一切的一切再也不同了。這也是他想去巴黎辦展的原因。

大英博物館有人取消展覽是個奇跡，而我們把握住了這個機會。之後，巴黎的賽努奇博物館（Musée Cernuschi）聽説吳冠中要在大英博物館展出的消息，就給吳冠中空出了一個檔期。我們要做個選擇，我問吳冠中要先在哪邊展覽，大英博物館還是賽努奇？他説:「大英博物館。」這是一個新的里程碑。在這之前，不管是什麼國籍，沒有任何一位在世的現代藝術家能在大英博物館開展，吳冠中是第一位。這是 20 世紀中國藝術一個重要的發展，證明了自 1970 年代以來，中國現代藝術百花齊放。這次展覽共展出 44 幅水墨畫、油畫、水彩畫和素描作品。直到現在，這還是歷史性的一刻。

1993 年 3 月 15 日，「吳冠中：一個二十世紀的中國畫家」展覽由大英博物館的資助者告士打公爵（Duke of Gloucester）主持開幕儀式，館長羅拔 · 安德森（Robert Anderson）、亞洲部的主管傑西卡 · 羅森和策展人安 · 法華都出席了，另外還有從巴黎遠道而來的老朋友朱德群和熊秉明，以及我在倫敦的好朋友西蒙 · 凱瑟克（Simon Keswick）和他的夫人艾瑪（Emma），格蘭尼斯 · 羅拔絲（Glenys Roberts）、索瑟米恩夫人（Lady Rothermere）等來自英國、歐洲和香港各地的朋友。最重要的是，《金融時報》、《時代雜誌》及《旁觀者》（*The Spectator*）等媒體的重量級藝評家也出席了展覽，並給予好評。在吳冠中之前，沒有任何中國現代藝術家獲得過這麼高的評價。

但在藝評界舉足輕重的《國際先驅論壇報》（*International Herald Tribune*）卻缺席了。幾天後，我離開博物館去辦點事，回來的時候，我妹妹焦急地在前門等我。她跟我說：「《國際先驅論壇報》的藝術評論員索倫 · 麥理肯（Souren Melikian）來了！」回到展覽廳，我看到一個令人動容的畫面。雖然吳冠中不會說英文，但他使盡渾身解數，努力擠出好多年都沒有機會說的法文跟麥理肯交談。結果，麥理肯在《國際先驅論壇報》寫了一篇非常精彩的評論。

1995 至 1996 年，香港藝術館主辦 20 世紀中國藝術回顧展，在我、羅仲榮和羅拔 · 米勒（Robert Miller）等人的贊助下，舉辦了一場國際研討會，索倫 · 麥理肯也出席擔任主講人。研討會之後，展覽在四個城市巡迴，由香港開始，接著到新加坡國家博物館、大英博物館、科隆的東亞藝術博物館，本來最後一站要去三藩市，可惜因為臨近香港回歸交接而取消了。這次回顧展也收錄了吳冠中的畫，喜歡他的畫的人分佈於世界各地。吳冠中在 2010 年過世之前，將他一部分最好的作品捐給了香港藝術館作永久館藏，香港藝術館在他旅居新加坡多年的大兒子吳可雨的協助下，特別規劃了一個專屬的展覽空間，待藝術館完成翻新之後，將會陳列他 300 多幅繪畫和素描。吳冠中的畫能在香港妥善地展現，他一定會非常高興，這是他長久以來的心願。另外，他也捐了大大小小 300 多張素描、油畫和水墨畫給新加坡的東亞文明博物館。

吳冠中越來越受肯定，畫作的價格也水漲船高，但他還是始終如一，過著簡樸的生活。他在北京朝陽區離舊家不遠的地方買了間大一點的公寓，可是他覺得住在那個屋子裡沒有作畫的靈感，所以又搬回舊家，按著老習慣，將紙攤在地上作畫。

1990 年代中期，我們代表公營的土地發展公司，邀請吳冠中為香港的街景畫了一些畫。他畫了幾張我們老家山下皇后大道東的巷弄風光，不過那時候大宅子已經拆掉了。這些素描屬政府所有，全都是珍貴的記錄，現在那一帶已經人面全非了，所以我非常珍惜這些精彩的畫作。

吳冠中是劃時代的重要畫家，支持他的藝術創作，令我有幸獲得另一個機會，為另一位當代中國藝術大師在大英博物館的展覽出一分力。給我這個機會的是大英博物館亞洲藏品部館長揚．斯圖亞特（Jan Stuart）。她委託知名的中國概念藝術家徐冰為大英博物館度身訂做一個裝置藝術，從 2012 年 5 月 1 日到 7 月 10 日在博物館最醒目的正門入口處展出。

徐冰的《背後的故事 7》是一個近五米高的大型燈箱，木頭框架搭配霧面亞加力膠板，一眼就非常震撼。它從背後打光，給人傳統山水畫的假象。徐冰從 2004 年開始創作「背後的故事」系列，前六件作品都是橫幅，像多數傳統的中國畫卷，但這一次選的是立軸。《背後的故事 7》從大英博物館的館藏中選出明朝畫家王時敏 1654 年的作品，複製畫上的高山峻嶺。博物館將當代裝置藝術和山水畫原作比鄰陳列，傚法中國古老傳統，讓作品和觀眾進行「對話」。

徐冰的作品探討藝術與幻象之間的關係和張力，刻意挑戰影像和媒體的關聯性，有意識地刺激觀眾以全新的方式看待事物。他創作過數件看似山水畫的作品，但那既不是山水更不是畫。他利用立體材料去模仿平面的毛筆，質疑感官和視覺的限制。他告訴我，他第一次創作這類作品的靈感是 1997 年，在西班牙瓦倫西亞機場，透過厚厚的玻璃，眼前景象嚴重扭曲，彷彿看見另一重現實。

《背後的故事 7》從正面看是一幅意境深遠的潑墨山水，但燈箱背面的真相，卻是貼著麻布、乾枯的樹枝樹葉、玉米殼、皺巴巴的紙，以及從倫敦各個角落撿來的廢棄物，透過光線從正面看，才組成一幅美麗的傳統山水畫。

日本報業龍頭之一的《朝日新聞》，長期贊助大英博物館的展

《背後的故事 7》的正面和背面

覽（也是 1993 年吳冠中個展的贊助者之一），徐冰這項裝置藝術，事實上是他們委託的計劃的一部分。《背後的故事 7》在展出後已完全拆除，但一個中英雙語的網站進行了完整的記錄，供後人欣賞。我是這網站的資助者，真是與有榮焉。

徐冰來自重慶，如果要從中國選出三到五位國際上最知名的現代藝術家，他肯定名列其中。1980 年代，他拿到亞洲文化協會的資助前往紐約，創作了一幅由 4,000 個新造「漢字」組成的巨型書法，一舉成名。他創造這些無意義的新字符，想藉此探討語言的本質和運用，更給這個爭議性頗高的實驗作品取了個名字叫《天書》。2001 年，他成為第一個在亞瑟 · M · 賽克勒美術館（Arthur M. Sackler Gallery）展出的非美籍藝術家。美術館位於華盛頓，隸屬相當於國家博物館的史密森尼學會（Smithsonian Institution）。1999 年，徐冰榮獲以鼓勵創意為宗旨的麥克阿瑟獎（MacArthur Fellows 'Genius Grant'），2004 年獲得威爾斯國際藝術獎（Artes Mundi）。

從探討真相、文字與思想關聯性的《山水詩畫》，從而討論藝術與幻象之間的關係及張力，徐冰從 2004 年開始創作「背後的故事」系列，作為他對 2010 年在藝術和設計博物館（Museum of Art and Design）最後一次展出的傳統橫幅畫卷的回應。

My Silk Road
我的絲綢之路

法國政治家戴高樂（Charles de Gaulle）說過：「中國不是一個國家，是一個文明。」歷史一再證明了中國文明的獨特性，百折不撓，影響深遠。中國、中亞以至地中海部分地區，從古羅馬時期一直到近代延綿不斷的跨文化交流，就是最好的憑證。絲綢之路帶動了商業與文化的交流，這條古代的貿易要道從亞洲開始，橫跨中東，直至歐洲。在各個時代，中國和異域的往來證明我們國家有多善於吸收、超越與再生。面對外來的影響與新形式，中國總能適應，脫繭再生。我沿著絲路旅行，一路探索、交流，它帶給我一個堅定追尋的人所能擁有的一切喜悅、領悟和挑戰。

「絲綢之路」這個詞是 100 多年前才開始成為常用詞彙的。德國探險家費迪南．馮．李希霍芬男爵（Ferdinand von Richthofen）在 1868 到 1872 年間七次前往中亞和中國探險，並在 1877 年率先提出「Seidenstrasse」，是絲綢之路命名的起源。這個詞可能有點誤導，因為事實上它並不是一條路，而是一個由歐亞海陸貿易路線組成的網絡。再者，絲路商人運載的商品包羅萬象，並不只有絲綢。長長的商隊，貨物車上滿載香草、人蔘、聲稱可長生不老的靈丹、奇珍異木、陶瓷、藥材和火藥（火藥是中國人在 7 世紀時發明的，在 8 世紀時首次用於軍事用途，並且在 14 世紀出口到歐洲）。另外，印度和東南亞的寶石等貨物也從亞洲出發，沿著海上絲路開往西方。絲是這當中最珍貴的商品。中國絲綢早在公元前 46 年便透過現今阿富汗境內的貴霜帝國（Kushan Empire）引進羅馬，造成極大的轟動。絲綢炙手可熱，當時以重量計價，一兩絲的價格相當於一兩黃金，引發了貴族階級的財務危機，以至於公元初期，羅馬帝國皇帝提比略（Emperor Tiberius）不得不下令禁止絲綢買賣。

至於從西方經由絲路往東運的商品，則包括地毯、織品、波羅的海的琥珀、地中海的珊瑚、香水和 7 世紀左右輸入的鴉片。

陸上與海上絲路影響的不只是貨物的流通，也對藝術文化的思維造成衝擊。有 3,000 年之久，宗教和思想從中國西部經由中亞傳到地中海，然後再往回傳，跨越時空，不斷交流激盪，在絲路上留下了無數跨文化交流的腳印，呈現在藝術、設計和宗教儀式上，這些痕跡到現在還清晰可見。有數千年歷史、俯拾皆是的佛教和伊斯蘭教藝術深深啟發了我，從我的思維模式、研究和設計中都可明顯看出它們的影響。設計事實上是一種文化宣言，反映出歷史源源不絕的樣貌和演繹。

絲路對我的意義很特殊。我去過敦煌好幾次，對中原文化及邊疆文化的關聯非常有興趣。我去過吐魯番、喀什及和田，後者是數百年來頂級白玉的產地，我的作品也會使用和田玉，大的做豪華紙鎮，小一點的就刻成玉珠子。

武威市的「馬踏飛燕」銅雕是絲路的象徵，雄壯優美，令人一眼難忘。狹窄的河西走廊貫穿整個甘肅省，武威市作為河西四郡之一，是中國最早的邊塞重鎮。馬踏飛燕可能是我最喜歡的一座中國雕塑，覆滿銅綠的壯馬全速奔馳，張口豎耳、鼻翼賁張，馬鬃逆風飛揚。最令人讚嘆的是奔騰的馬匹後腳下還有隻小燕子，彷彿支撐著馬匹全身的重量。這是漢人追尋「天馬」歷史最有力的見證，那是一種魁梧高大的馬匹，原產於中亞，從西漢武帝開始就是中國人夢寐以求的良駒。

順著河西走廊往西北走，來到甘肅省盡頭的酒泉市，這裡有北涼的貴族墓群。北涼是五胡十六國之一，建於公元 397 年，亡於 439 年。墓群當中有座古墓，牆上有七幅色澤鮮明、保存良好的壁畫，因為當地環境乾燥，才得以保留下來。壁畫描繪了漢文化的各個生活面向，有耕田、打獵、伐木、取絲織布、音樂和舞蹈。10 平方米大小的墓室，卻有 30 平方米的壁畫，畫上流動的韻律、奔放的熱情、純真的情懷，就關在小小的墓室裡。這是令人難忘的漢文化藝術品，也是中原之外貴族生活的寫照。

敦煌是沙漠上的綠洲，也是古代絲路重要的轉接點，東西交流的樞紐。我從 1994 到 2009 年間去了敦煌六次，每次都從不同的地方、用不同的方式前往，有時搭飛機或火車到烏魯木齊，有時從天水市沿著河西走廊，穿過一座座古代的邊防要塞：西陵、武威、張掖、酒泉和安西。這些都是早於西漢時代設立的，目的是鎮守河西走廊這條戰略要道，防堵沙漠另一頭匈奴的大軍。

離敦煌不遠的莫高窟，1987 年列入聯合國世界文化遺產，和萬里長城、紫禁城同屬中國古蹟當中最早入選的。莫高窟共有 735 個洞窟，從公元 4 世紀開鑿，橫跨千年，創作了 45,000 平方米壁畫和 2,000 多尊雕像，是佛教藝術的寶庫。敦煌文化博大精深，洞窟的彩色壁畫描繪人間與天界的景象，美不勝收。我很榮幸有機會捐款給敦煌研究院，支持兩座唐朝洞窟——第 329 及 17 號——的數碼化保存工作，留予後人紀念，將中國傳統文化發揚光大。17 號洞窟面積不大，卻舉足輕重，裡頭滿是用漢文、維吾爾文等各種文字書寫的珍貴文獻。

1907 年，英國考古學家奧萊爾．斯坦因爵士（Sir Auriel Stein）付了 320 鎊給看守莫高窟的道士王圓籙，表示幫他重建道觀，順利從第 17 號洞窟運走了 35 車文書，最後保存在大英博物館。三個月後，法國探險家保羅．伯希和（Paul Pelliot）也來到了同一個洞窟。伯希和熟悉文言文，還懂好幾種中亞語言，他花了 500 兩白銀（在 2014 年時相當於 11,000 美金）買下了他認為最珍貴的古代手稿，但要到 2012 年斯坦因的著作《中國沙漠中的遺址》（*Ruins of Desert Cathay*）出版之後，伯希和的貢獻才獲得認可。這批手稿現在都收藏在巴黎的吉美博物館（Musée Guimet）。敦煌研究院將為數龐大的敦煌文物數碼化、立體掃描並且以虛擬實境的方式呈現，透過網路和多媒體，讓更多人注意到這項文化寶藏，是中國文化機構中的先驅，成就非凡。敦煌石窟的壁畫當中，比較鮮為人知的是一些有關音樂演奏的畫作，以及豐富的古樂譜，記錄了中國音樂的發展。這類壁畫分佈在敦煌超過 200 個洞窟內，描畫了 3,000 個樂師和 4,000 件樂器，只要是中國歷史上出現過的，在敦煌石窟的壁畫都找得到。中國音樂不斷演變，一個時代的音樂又往往建立在古代旋律的基礎上，因此古代和現代的音樂常常是並存的。由 10 位年輕香港音樂家組成的「香港天籟敦煌樂團」，就是以傳揚敦煌文化和中國音樂為宗旨。他們改編古樂譜，將莫高窟的元素融入音樂，加以演繹。這個由紀文鳳女士發起的樂團，在新世界集團慈善基金的支持下，努力重現敦煌畫作中千多年前的場景，讓樂聲再次飄揚。

古代絲路東邊的起點，是距離敦煌數千里遠的杭州。杭州自古以來便是中國的絲織品生產中心，現時建有中國絲綢博物館。2,000 多年來，杭州的西湖環境得天獨厚，有許多天然或人工島嶼，不知多少詩人墨客曾為它寫下傳頌千古的文章。我最難忘的一次經驗，是某年 4 月初住進了西湖國賓館。國賓館景色絕佳，湖畔楊柳低垂，掩映著遊船，不時有鴨子滑水而過。1974年，中國總理周恩來就是在這裡和美國總統尼克遜會面，達成歷史性的外交突破。對岸是名聞天下的蘇堤，在北宋大詩人蘇東坡的指導下築成，名列「西湖十景」之一，百花爭妍，繽紛多姿，早開的黃色水仙低伏在最後一抹盛開的櫻花下，晚春與初夏爭輝。2015年，我和在邁阿密設計公司（Design Miami）工作的朋友洛文．普麥克（Rodman Primack）一起來到杭州，幫他訂到了毛澤東住過的套房。套房的起居室突出到水面上，四周楊柳環繞。隨著杭州發展日漸繁榮，成為一個科技中心，吸引越來越多人前來，但我希望這個世外桃源能一直保持清幽寧靜。

杭州附近有兩個重要的景點，第一個是良渚博物院，專門展示新石器時代良渚文化的文物。良渚文化可上溯到公元前3,000年，遺址於1930年代初次出土，是考古學上一項重大的發現，讓人重新認識新石器時代的中國。而走在英國建築師大衛．哲柏菲（David Chipperfield）一手打造的展覽館欣賞展品，同樣賞心悅目。

另一個景點則是由中國萬科集團出資、日本建築師安藤忠雄設計的良渚文化村藝術中心。這棟令人為之驚嘆的建築，幾乎完全用木頭建造，內部線條乾淨簡潔，堪稱安藤忠雄最傑出的作品之一。

我一直試著將古典的精髓融入新的形式和應用，賦予不同來源和時代的古董新的功能，按照我要的順序重新安排、設計、演繹，令古董變成「可以佩戴的歷史」，與生活融合，成為生活的一部分。打從 1980 年代起，我深受中國文化吸引，試著了解並找出中國、中亞和西方之間跨文化歷史與交流的精髓，這始終是我努力的重點。

科技發展日新月異，幫助我們更準確判別一件文物的來歷。從早期只能靠道聽途説推斷，到現在利用先進科技，證明了我這些年來見過或收藏的許多文物，原來都和絲路這條貿易路線密切相關。它們固然是中國傳統的一部分，同時也蘊含了橫跨亞洲和中東多個文化的影響。

我的現代珠寶作品多數採用顏色寶石、象牙和牛骨為材料，它們需要一個亮眼而且有意義的主題圖案作為聯繫，於是我選擇了繩結。我用繩結設計出不同的排列和變化，無論是用石材還是金屬去演繹，繩結始終是我設計項鏈和墜子的亮點。

繩結的故事見證了中國和周邊文化的交流。它從中亞（現在的伊朗、伊拉克和黎巴嫩一帶）及君士坦丁堡（現在的伊斯坦堡）跨越地中海，到達羅馬和威尼斯，再蜿蜒穿過法國、英國一路到愛爾蘭，繩結文化的交流和影響跨越了時空和信仰。

我是在 1980 年代中期，從麵餅上看到那些圖案的——對，真的是麵餅。那是新疆吐魯番附近一座 9 世紀古墓的出土物，現存於吐魯番博物館。那個地區氣候非常乾燥，因此麵糰保存得非常好。繩結的造型很優美，促使我尋找類似的形狀加以演繹，作為我珠寶設計中突顯重點的元素。伊斯蘭文化從不描繪人的臉部，而是將焦點擺在平面造型的設計和相關的細節變化上，這一向是我靈感中特別重要的一部分。

許多博物館收藏的雕刻和飾品，它們的素材例如水晶、瑪瑙、綠松石、天河石、青金石這類顏色寶石都是中亞出產，由商隊從西域帶進中國。瑪瑙、天河石，還有古代的金銀珠子及小雕像，很可能最早是從西伯利亞草原及阿特拉斯山脈一帶進來的。1994 年 10 月到 1995 年 9 月在丹佛美術館展出的「永恆的禮讚：中國飾品中的階級與地位」（Adornment for Eternity: Status and Rank in Chinese Ornament）表達了這個觀點。展覽由茱莉亞．韋特（Julia White）及艾瑪．邦克（Emma Bunker）共同策劃，很有前瞻性。

第二個記錄跨文化交流影響的重要展覽是「金翠流芳：夢蝶軒藏中國古代飾物」，1999 年在香港大學美術博物館一連展出好幾個月，展品都是朱偉基和盧茵茵夫婦的收藏。遼代王室古墓陪葬的華麗金縷衣和金飾讓人大開眼界，也開啟了新的研究方向。

我的收藏或鑲嵌在珠寶作品上的一些小件，年代可以上溯到公元前 500 年到公元 1300 年之間。這證明了早在 3,000 多年前，歐亞大陸各地就開始了大規模的往來，跨文化交流的衝擊始終是我思考和創作的核心。

吉祥結是我設計時常用的一種圖案，它是佛門八寶之一，線條首尾相連，沒有起點也沒有終點，代表超越空間和時間，因此是吉祥的象徵，常用於商業用途，人們對它很熟悉，我們卻常常忽略它的重要性和涵義。這麼多年來，我不斷追蹤這個結的蹤跡，從西藏到中國，既出現在佛教和密宗的藝術上，也出現在敦煌石窟甚至中亞各地。在伊朗，它是一種隨處可見的裝飾圖案，印刷品或手稿上有，大理石牆上的雕刻也有。在威尼斯一帶、西班牙甚至遙遠的愛爾蘭，都可以看見它的蹤影。

波斯和敘利亞都是絲路上的要衝，我很幸運，兩個地方都去過。想起我去波斯波利斯古城時，隨手撿起的那一小片大理石，心裡還有罪惡感。2008 年到敘利亞，對我來說是一趟發現之旅，也讓我無論作為歷史學者或設計師的眼界都更上一層樓。貫穿絲綢之路的文化、宗教和傳統特色，為我帶來更多藝術和設計的靈感。

我彷彿看見數百年來商旅累積的足跡和連結，層層疊疊的傳統交融在一起，從中國一直延伸到威尼斯，中世紀絲路的西端。

當我在威尼斯看見建於 16 世紀的總督宮（Doge's Palace）中庭上方六個陽台的圍欄上，雕著吉祥結作為裝飾的主調時，我真的興奮得不得了。

我也在英格蘭的沃德斯登莊園（Waddesdon Manor）看過一隻邊上環繞著吉祥結的馬約利卡陶碟，碟子中央有曼圖亞公爵（Duke of Mantua）的徽章，是莊園主人雅各·羅斯柴爾德勳爵（Lord Jacob Rothschild）的珍藏。聖彼得堡的冬宮博物館也有同樣風格的碟子，但裝飾得更為繁複華麗。這兩個製作日期在 1545 到 1550 年間的碟子都是曼圖亞公爵的藏品，他還是教宗的堂兄弟呢。當時在歐洲，即使是貴族也只有少數人可以接觸到中國的陶瓷，從中得到靈感，融入當地製作的器物中。這足以證明經由絲路傳入西方的陶瓷不但被視為珍品，更為歐洲的藝術帶來相當大的影響。我在倫敦 V&A 博物館中見過一幅刺繡，繡著一個開放的結，結的每條線都以蛇頭作為末端。這是蘇格蘭的瑪麗女王（Mary Queen of Scots）1570 年的作品，她將這幅刺繡送給了好朋友伊利莎伯·哈德威克伯爵夫人（Countess Bess of Hardwick）。

我也在伊朗和敘利亞，看過繩結運用在不同的設計中。我花了幾年時間研究，以為自己勇於開拓，也創作了一些新的樣式。只不過我不知道，類似的圖案在大馬士革博物館（Damascus Museum）裡就有，時間更可以上溯到公元 5 世紀。還有一些圖案，我自以為是原創，後來卻在敘利亞南部布斯拉（Bosra）一處競技場，看見石碑上刻著同樣的款色。我也注意到，在巴勒貝克（Baalbek）羅馬遺址的許多石板上，也能看見一種遠東地區常用來裝飾屋簷邊緣的圖案。

我是個設計師，但從未受過正規的訓練，我的知識和靈感都來自歷史文化。在 2008 年那一趟敘利亞之旅，我也走出大馬士革城，參觀了十字軍在 10 到 12 世紀之間興建的騎士堡。裡面有個房間有些彎彎曲曲的結狀裝飾，但我在 1970 至 1980 年代做設計的時候，一點也不知道它們之間的關聯。在敘利亞，我刻意尋找可能帶給我靈感的符號，特別是繩結。其中最壯觀的是公元 715 年興建的烏邁耶大清真寺（Umayyad Mosque），牆頂的一整圈就是以吉祥結作裝飾。伊斯坦堡聖蘇菲亞大教堂（Hagia Sophia）天花板附近的裝飾則是另一種結，形狀和我在敘利亞布斯拉看到的不一樣。此外，17 世紀土耳其出產的伊茲尼克（Iznik）瓷器，四邊也是用環環相扣的結作為裝飾。

我有些用古董珠子例如瑪瑙、天河石之類製作的項鏈，造型看起來像極了 1999 年大英博物館「漢至唐代中國文物展覽」（Gilded Dragons）上展出的 3 世紀文物。另外在香港回歸 20 週年的慶祝活動中，有一場「綿亙萬里：世界遺產絲綢之路」展覽，展出許多鎏金銅藝術品，包括從西安歷史博物館借來的西漢鎏金銅蠶蛹，還有山西博物館兩件由綠松石、天河石、水

上 | 伊朗一道大理石牆，上面刻有各式各樣的吉祥結。

下 | 烏邁耶大清真寺牆頂的吉祥結雕飾

晶和鍍金珠子做成的項鏈。我的設計看起來竟然跟那些展品沒有差太多！

我在敘利亞看到的繩結不是獨一無二的，在土耳其和中國唐朝的飾品中也找得到。威尼斯總督宮、西班牙北部利昂（Leon）一座 9 世紀天主教修道院的圓柱上、利昂雄偉的大教堂，也有同樣的設計。西藏人也使用這些繁複的繩結，只不過它的樣式是直立的，而不像其他地方橫放。我們似乎可以說，繩結最早是在 1 世紀隨著佛教傳到中國來的。

事實上，繩結繞著地球走了一大圈，它受歡迎的原因實在難以言喻。我常用繩結，一方面那是一種共通的語言，一方面也因為它對我有無比的吸引力。傳統的繩結設計講究對稱，和我喜歡的不對稱有點相違。但在我的作品中，繩結必須是對稱的，因為我用它作起點，也用它作收尾。如果你設計珠寶，用了一個中國特有的圖案，歐美人士就無法產生共鳴，但繩結是人人能懂的符號。甚至有些繩結的圖案，我本來以為是我首創的，後來才發現它原來早就在絲路上行走了。

作為國家的全球性策略，中國正積極推動「一帶一路」倡議，為絲路帶來一個現代的全新詮釋，重新塑造與周邊地區的關係，建立一個以中國為中心的新秩序。「互相依賴」、「互相尊重」是中國領導人習近平提倡「一帶一路」時高舉的基本原則。這個網絡的範圍既廣且遠，牽涉龐大的人力物力，在它創造的世界經濟體系中，中國將扮演重要的角色。自從 2013 年提出「一帶一路」以來，史無前例的跨文化交流鋪天蓋地，涵蓋輸油管、道路、洲際鐵路、光纖電纜、港口、橋樑、建築和製造業等重大的基礎建設。

這一切顯示中國將以前所未有的力度擴張它的軟實力和硬實力，無遠弗屆，全力投入。

Furthering Creative Visions
再談創意願景

跨文化交流及思想的融合，能為藝術、設計、社會發展和創新帶來新的面向。這一切在我的思維和行動上向來非常重要。關於不同領域的發展及彼此之間的關係，我的知識和理解多半不是來自教科書和傳統的學院訓練，也不單是來自中國文化。我觀察傳統風俗，檢視藝術與工藝的交流與發展，發現許多源頭都指向和中國比鄰的中亞地區。對我來說，細細審視它們的起源和發展，能加深我對跨文化交流的了解，繼而開拓新的視野，帶領我繼續探索。牛津大學的歷史學家彼得·弗蘭科潘（Peter Frankopan）2015 年出版了一本極具影響力的暢銷書《絲綢之路：一部全新的世界史》（*The Silk Roads: A New History of the World*），書中質疑了長久以來人們普遍信奉不疑的概念：「地中海真的就像它字面上說的，是世界的中心，是文明的搖籃？」他的疑問是合情合理的。他宣稱：「世界的中心並不是一片將歐洲和非洲分隔開來的海洋，而是在亞洲的心臟地帶。」

無論是學術的、民間的或是商業性質的，在我獲得的與跨文化交流有關的獎項當中，有兩項對我的意義特別重大。第一項是2018年4月獲委任為倫敦藝術大學中央聖馬丁藝術與設計學院跨文化項目的首位客席教授，這證明了我長久以來的信念：堅持追求、探索跨文化交流的重要性，並透過互動尋求新的視野。

第二項讓我引以為榮的，是2007年香港設計中心頒給我「世界傑出華人設計師大獎」。他們稱讚我：「以對中國幾千年來的歷史和文化的尊崇，糅合現代的元素，塑造了具獨一無二的風格。」這兩項榮譽都肯定我的貢獻：協助人們深化對中華文明的了解，促成跨文化的互相學習，並且開拓新的創意方向、提升創造力。

中央聖馬丁藝術與設計學院院長珍．羅佩利（Jane Rapley），不但在提升教學品質和學校的國際聲譽上貢獻良多，也培育了許多世界知名的時尚設計師，比如亞歷山大．麥昆（Alexander McQueen）、菲比．費羅（Phoebe Philo）、史黛拉．麥卡尼（Stella McCartney）等人都是她的門生。珍．羅佩利稱讚我對東西交流的認識是跨領域、跨文化的，一定能開啟更多新的思路、新的研究方向，就這樣，我2012年在中央聖馬丁學院開了系列講座課程，前三場還獲得捷成漢（Hans Michael Jebsen）的贊助。捷成漢家族的捷成洋行（Jebsen and Company）早在19世紀初就和中國有貿易往來，1895年更在香港成立據點。

2007 年獲頒「世界傑出華人設計師大獎」

2014 年的講座由鬼才設計師湯瑪斯·赫斯維克（Thomas Heatherwick）主講，講題是「融貫東西——實現美願之橋樑」（Bridge of Aspirations — Connecting East and West）。他的設計和建築極具創意，超群拔類，知名作品包括得獎的上海世界博覽會英國館（2010）、倫敦奧運的聖火台（2012）、倫敦的新巴士設計、新加坡南洋理工大學的學習中心（2015），以及紐約西城哈德遜建築群 2,500 個梯階的景觀台（2019）、加州山景城的谷歌總部及新加坡新機場。1990 年代開始，他就常造訪香港。自從他第一次在倫敦 V&A 美術館舉辦回顧展以來，我就一直關注他的新作品，每次都又佩服又驚艷，能夠與他以朋友相稱，我又開心又光榮。他很喜歡香港，來過無數次，有時候是拜訪朋友，有時候是來監督工程進度。他在香港最受矚目的作品是中環附近太古廣場的整修工程，及附近弈居酒店的立面。

湯瑪斯·赫斯維克是現在知名度最高、最炙手可熱的設計師之一。最近他帶他的雙胞胎來香港度假，順便看看老朋友，還帶了個很棒的蛋糕，上面寫著「祝您有個愉快的下午，啟妍」，我是多麼驚喜啊！看到他的龍鳳胎長得這麼快，真的很高興。第二天中午，我為他在禮賓府安排了一場午宴，行政長官林鄭月娥作東，湯瑪斯的好朋友簡基富（Keith Kerr）、西九文化區管理局行政總裁栢志高（Duncan Pescod）、德籍建築師奧勒·舍倫（Ole Scheeren）等人都陪同出席，是一場賓主盡歡的洗塵宴。我想他來香港應該有 65 次了，記得常回來啊，湯瑪斯！

2015 年，中央聖馬丁學院的演講主題是「雕塑與公共空間的生命力」（Sculpture and the Animation of Collective Space），聚焦公共藝術的優點。在這次演講中，英國知名雕刻家安東尼·葛姆雷（Antony Gormley）披露了他的大型雕刻裝置作品「視界」（Event Horizon）系列的最新作，延續他一貫的浮誇高調。在此之前，「視界」系列已經在倫敦、阿姆斯特丹、紐約和聖保羅成功展出，而這是香港首次展出大型公共藝術。公開講座於 2016 年 10 月在亞洲協會香港中心舉行，由聖馬丁院長兼城市設計師的杰里米·蒂爾（Jeremy Till）親自主持，探討公共藝術的社會角色以及它的優點，觀眾受益良多。

2016 年 11 月，中央聖馬丁學院講座的主持人是來自倫敦的創意大師約翰．郝金斯（John Howkins），他著有暢銷書《創意經濟：好點子變成好生意》（*Creative Economy*）及《創意生態：思考產生好點子》（*Creative Ecologies*）。他與香港創科企業家蕭逸的辯論可以說是棋逢敵手。講座在一個難忘的夜晚舉行，因為當時香港中環的核心地帶正值示威遊行，馮國經穿越重重障礙和路障，來到演講廳致開幕序辭。他覺得這晚討論的議題攸關香港的創意發展，希望突顯議題的重要性，進一步推動，用心良苦，叫人永難忘懷。

2016 年 11 月，我在香港大學舉辦了一場中央聖馬丁論壇，題目是「創意資本——硬實力還是軟實力？」講者都是 40 歲以下的年輕科技企業家，我們討論如何讓創意變得更有建設性，例如政府可以制定政策和具體的辦法，支持創意資本，有助將潛藏在個人及社區中的創意、活力等「軟實力」釋放出來。

到目前為止，中央聖馬丁學院在香港提出的方案當中，最成功的就是兩年制的藝術及文化企業文學碩士課程，中央聖馬丁的老師定期於週末來港進行連續三天的密集式課堂。我很喜歡教這樣的課程。第一批學生在 2018 年 6 月畢業，畢業典禮由倫敦藝術大學校長尼格爾．卡靈頓（Nigel Carrington）主持，我心

我和倫敦藝術大學卡靈頓校長合照

裡既驕傲又安慰。我看到香港的蛻變，不再只是藝術的交易中心，而是慢慢發展創意教育，提供嚴謹的實務訓練。未來我們和倫敦藝術大學將會合作推出更多課程，展望將來和西九文化區的合作，這裡勢必會成為亞太地區規模最大的文化重鎮。

我和香港設計中心長期保持著密切的關係，合作愉快，我也受惠良多。香港設計中心 2001 年由「創意香港」成立，創意香港是一個專責辦公室，隸屬商務及經濟發展局，職責是為創意產業提供資金援助。香港設計中心的任務是提高企業、公共部門和服務業界對設計的重視，培育「設計企業家」和扶植新創公司，提升人們對優秀設計的重視，努力提升香港作為設計中心的形象，更重要的是加強人際網絡和交流。我自 2007 年起擔任中心董事會成員，與設計中心一起成長的。而我受邀加入董事會，則是因為我原本就是藝術與文化委員會的成員。前行政長官董建華為了評估市民在香港回歸後對文化認同的立場及展望，在 2000 年成立這個委員會。遺憾的是，因為領導階層功能不彰，委員會並沒有作出任何結論，也未提出有效的建議。擔任香港設計中心的董事，令我收穫很多，滿腔熱血，想落實它的願景和使命。與此同時，我的視野也變得更擴闊，參與設計中心的多項計劃擴大了我的圈子，也得到許多經驗。

設計中心的經費都是由創意香港的「創意智優計劃」支援。看到多項計劃在提升實務能力、教育和設計思維方面都有了令人振奮的成果，我鬥志高昂，十分欣慰。中心的兩大年度計劃：2002 年起每年 12 月初舉辦的「設計營商周」，以及 7 月中旬的「設計『智』識周」，已經成為個人、業界、企業和城市分享知識和經驗的重要國際論壇。

在羅仲榮擔任主席的十年間（2007 － 2017），香港設計中心的努力和發展，得到了多方面的肯定和鼓勵。羅仲榮畢業於芝加哥伊利諾理工學院（Illinois Institute of Technology），因為受過工業設計的訓練，讓他從很早就鼓吹香港工業應該從競爭激烈的量產模式轉型，全面推動設計，發展增值潛力大的創意產品。這願景很有遠見，對先進設計與思維模式的掌握，確實是當務之急。因為他的支持，一年一度的設計營商周令香港成為全球重視的設計中心，吸引大量不同地域的人來參與討論，將最好、最先進的設計思維和應用呈現在大家面前。

在歷屆的設計營商周中，我最欣賞 2003 年第二場論壇的講者特倫斯．康蘭（Terence Conran）的觀點，他再三強調「設計不是什麼大事」，相反應該是一種改善日常生活品質的必需品。他在自己的店舖和餐廳中所使用的器具充滿生活風格，就是奉行這種哲學。地位崇高的德國工業發明家迪特．拉姆斯（Dieter Rams）也提倡同樣的理念。普立茲克建築獎（Pritzker Architecture Prize）得主妹島和世在演説之前兩個小時才從巴黎匆匆趕到香港，為大家呈現她在日本和歐洲從事建築工作的精細思考。簡報結束後，她在香港停留不到四個小時，又匆匆趕回巴黎。這顯示香港作為一個提倡設計的平台，是有其重要性的。還有年輕的丹麥建築師比雅克．英格斯（Bjarke Ingels），他在 2012 年為大家介紹了一項大膽的嘗試，在挪威首都奧斯陸一棟施工中的博物館屋頂架設滑雪道，令人一見難忘。另外一位令人肅然起敬的建築師安藤忠雄，也是普立茲克建築獎得主，我很欣賞他的作品。他帶了一整個團隊來，甚至還自備翻譯員。

現時，香港設計中心在主席嚴志明教授和行政總裁利德裕博士的帶領下，舉辦設計論壇、展覽和教育課程，持續發揮影響力。這些活動通常在元創方（PMQ）舉行，由陶威廉先生帶領。除了對設計教育及相關業界的貢獻，香港設計中心還有一個重要價值，就是加強業界的人際網絡，成功在國際間建立香港作為設計重鎮的形象。我能跟著香港設計中心一起成長，連續 12 年擔任董事，對我來說是一項殊榮。

從 1984 到 1994 年，我每年都會在紐約住上四至六個月。我在 57 街與第五大道交界有個辦公室，後來搬到公園大道和 57 街轉角的佳樂利亞大樓（The Galleria），離我的零售店面很近。那段時間我的生活簡直是馬不停蹄，一方面要照顧香港和東莞的珠寶設計和生產工作，一方面要在紐約推廣銷售自創品牌的珠寶。我和很多客戶後來都成了好朋友，和他們家庭的情誼一直維繫到現在。而在德州，我的作品都透過尼曼售賣。我和德州朋友維繫感情的管道，還有侯斯頓的亞洲協會德州中心，由石油大亨羅伊 · 赫芬頓（Roy Huffington）推動，日本建築師谷口吉生打造，2011 年落成，是亞洲協會在北美的第一座區域中心。能到侯斯頓參加它的開幕慶祝活動，我真的開心極了。當我看見為興建計劃大力奔走籌款的南茜 · 艾倫（Nancy Allen），在記者會及活動時一直戴著七八年前跟我買的項鏈，我心裡的激動和喜悦簡直無法言喻。

我在紐約期間，收穫最大、結交到最多良師益友的地方，是兩個非牟利的教育文化機構：華美協進會和亞洲協會。我在 1980 年代末期成為它們的會員。華美協進會由胡適、郭秉文、約翰·杜威（John Dewey）和保羅·孟祿（Paul Monroe）等中美兩國的教育家在 1926 年創立的，宗旨是向美國社會傳揚中國文化，是美國歷史最悠久的跨文化非牟利組織。

1990 年代中期，我常和中國攝影家李玉翔一起四處旅行。我和香港中文大學的何培斌教授擔任策展人，從他的攝影作品中挑選了一些，舉辦《古承今襲：中國民間生活方式》攝影展，先在香港大會堂展出，再於 2001 年 1 月至 6 月移師紐約的華美協進會。展覽非常成功，參觀的學童來自全美各地，很多孩子從來沒有見過中國的民間建築，對中國農村的生活更是一無所知。

2005 年，專研中國民間生活的那仲良（Ron Knapp）教授和我合編了《家：中國人的居家文化》一書，並與華美協進會和亞洲協會合辦了一場研討會，討論中國人的生活方式。主講者全都是研究中國民間生活的重量級人物，那仲良、方聞、南茜·史汀赫（Nancy Steinhart）、劉怡瑋、柯律格（Craig Clunas）等教授的演講，充分展現出他們獨到的見解和精闢的研究成果。

特別值得一提的是，2012 年美國美術館策展人協會（Association of Art Museum Curators）選出 15 本最有助於了解中國的著作，

《家：中國人的居家文化》有幸入選其中。協會主要的領導人都來自麻省塞勒姆的皮博迪艾塞克斯博物館（Peabody Essex Museum）。其他入選著作還包括雷德侯（Lothar Ledderose）的名著《萬物：中國藝術中的模件化和規模化生產》（*Ten Thousand Things: Module and Mass Production in Chinese Art*），及史景遷（Jonathan Spence）的《天安門：中國的知識分子與革命》（*The Gate of Heavenly Peace: the Chinese and their Revolution 1895-1980*）和《大汗之國：西方眼中的中國》（*The Chan's Great Continent: China in Western Minds*）等。

另外一個和我關係很緊密，曾在許多方面對我施以援手的是亞洲協會。亞洲協會是一個非常出色的教育及文化機構，1956 年由洛克菲勒（Rockefeller）家族成立，宗旨是促進美國人對亞洲文化的認識，並且鼓勵跨文化合作。第二次世界大戰過後，日本百物蕭條，社會氣氛低沉，約翰．D．洛克菲勒三世（John D. Rockefeller III）意識到這種情況非常危險。就如同他說的：「柔軟的力量才能療傷止痛。」1950 至 1960 年代，他和知名的中國藝術專家謝爾曼（Sherman Lee）著手建立亞洲藝術收藏，搜羅了大量中國、日本、印度和東南亞的藝術，直到現在還是全世界最優秀的個人藝術收藏之一。就和很多樂善好施的美國人一樣，洛克斐勒家族亦將為數可觀的收藏品全捐給了亞洲協會。

約從 1995 年起，我常常參加亞洲協會舉辦的活動，聽有關亞洲政治、商業、教育、藝術文化的演講和簡報，結交了一些志趣相投的朋友。2004 年，我向會長卜勵德（Nicholas Platt）轉述了《紐約時報》對亞洲協會的評論後，在協會開設了羅啟妍藝術文化系列講座。

「《紐約時報》形容你們的課程非常有教育性，你們應該多開一些課程，討論藝術和文化的軟實力，談談它們如何互動、影響，以及促進彼此的了解。你們應更深入探討和亞洲文化的連結，也要有更好的呈現。」我對主席這樣建議，於是他邀請我開一個系列講座，透過捐贈經費的方式，在協會的紐約總部辦了十場演講，討論藝術、舞蹈、音樂設計、文化空間的創新與運用等議題。2014 年在亞洲協會的香港中心也辦了一場，題目為「創意資本——硬實力還是軟實力」。

2004 年 10 月，我在紐約亞洲協會發表演講「跨界：音樂、舞蹈和設計」（Transcending Borders — Music, Dance, Design）時，有人問起我當時還寂寂無聞的舞蹈家沈偉，不知道他的知名度夠不夠高，值不值得特別介紹。我回答說：「很快我們就會記住他了。」果然，四個月後，他和他的舞團就以嶄新的舞蹈和明日之星的姿態登上了許多媒體，從此一直是全球的寵兒，以創新和創意吸引眾人的目光。

最近一次「羅啟妍亞洲藝術和文化專題系列講座」2017 年 10 月

19 日在紐約亞洲協會舉行，主題為「創意空間激發城市活力」（Creative Spaces Empowering the City），聚焦香港的 M+ 及紐約曼克頓的哈德遜城市廣場（Hudson Yards），探討這兩個創意空間的目標、規劃、實施和進一步的發展。

展望未來，我非常興奮，因為香港已經是公認的國際文化交流中心，西九文化區就是最好的證明。最初提出西九文化區構想並進行規劃的，是前行政長官董建華於 2000 年 5 月成立的藝術與文化委員會。他堅信中華文化傳承的重要性，希望建立香港文化與本土認同。藝術與文化委員會的主席是前香港城市大學校長張信剛，一個對中西文化有深入了解的學者。委員會有十個委員，我是其中之一，任期兩年，期間我們要討論香港的教育和文化議題，就開發西九文化區提出各種各樣的草案。

委員會主張，西九文化區爭取的不只是一塊土地，也是要尋回香港的歷史、認同和創意精神。委員會建議成立 17 座藝術與文化場地，並且預留空間作為藝術教育之用。經過再三修改後，我們確立了三個核心概念：提升香港市民的生活品質、培養大眾的本土歸屬感和文化認同、將香港發展成國際文化交流中心。M+ 博物館正是上述理念的具體表現，延續香港一貫的特色，把本地與各國文化兼容並蓄，在藝術、設計、建築、影像各個領域發聲。博物館的命名涵義深遠，M 代表博物館，因此 M+ 即「不只是博物館」。一個字母和一個符號，涵蓋了博物館所有願景，是這個新機構的核心理念。我還記得委員會那些冗長的會議，就為了選一個可以涵蓋成長與包容的名字，清楚傳達我們的願望，提供一個廣納百川、強調跨領域創作的場地。

M+ 立足香港，放眼四海，它的館藏清楚表述了這個理念，已收集了 6,000 多件文物，數量還在持續增加中。博物館的展覽規劃也同樣重要，它必須能讓不同的觀眾產生共鳴，並且和本地與國際建立合作關係。M+ 也提供學習和文化詮釋的課程，因為我們深信藝術和文化活動不僅能充實個人，也能改變社會，課程和藝術展覽可以相輔相成，並且將在博物館的學習經驗帶進學校和社區。M+ 也和香港及世界各地的文化機構和藝術家結盟合作，確保策展人的用心能傳達給最多的參觀者。

M+ 的設計通過國際比賽選出，由瑞士赫爾佐格和德梅隆建築師事務所（Herzog & de Meuron）、泰福畢建築設計諮詢（TFP Farrells）及奧雅納香港（Ove Arup & Partners Hong Kong）合作。目前興建工作已經進入最後階段，預定於 2021 年落成啟用，屆時展場面積高達 17,000 平方米，還有一個演藝綜合劇場、學習中心、商店、表演空間、三間電影院、咖啡館和一個媒體中心，屋頂平台開放予公眾，可以俯瞰維多利亞港，眺望香港的天際線。在全世界，不同的藝術、設計與文化中心正快速崛起，M+ 開幕後，將會在當中佔有一席之地，並對香港和鄰近地區的文化生活作出重大的貢獻。

「不聞不若聞之，聞之不若見之，見之不若知之，
知之不若行之；學至於行之而止矣。」

— 《荀子 · 儒效篇》

"Show me and I will forget
Tell me and I may remember
Involve me and I will understand"

— *Xunzi*

第三部分

總結

A Rich Tapestry
一幅斑斕的織錦畫

我的故事從一個世界走進另一個世界，最後成功做到了別人意料不到的事。譚燕玉和我都是那個年代揚名國際的華人設計師，我們將中國的設計美學融入作品，也意識到在詮釋中國美學的精髓時，必須用當代群眾能接受和理解的方式。她從多姿多采的民間文化獲得許多靈感，而漢文化與沙漠另一端及中東文化的交融，則帶給我良多啟發。那是一個開拓疆土的年代，至於現在，華人服裝設計師和高級珠寶設計師，例如香港的陳世英、台灣的趙心綺，在國際間都享負盛名。而我對自己的定位不只是設計師，也是文化學者，透過珠寶和飾品設計，傳遞自己的哲學和審美觀。

在我的故事裡，事業成功並不是最重要的；獨立、走一條少人走的路才是重點：選一條自己的路，大步向前，找一些與眾不同的搭配，創作一些能啟發新觀念的作品，開創一個經得起時間考驗的、有意義的新潮流。這樣的嘗試本身就有其價值，與賺不賺到錢一點關係都沒有。時尚評論界教母蘇絲．曼奇斯

(Suzy Menkes)曾説過，在我採用較平價的顏色半寶石那一刻，事實上已經開創了珠寶設計的新路向——讓更多人也負擔得起，容易搭配，給人帶來自信和滿足感。這項創舉有多成功，並不是金錢可以衡量的，雖然它的確也為我帶來不錯的收入。但我想，我確實是提出了新的設計思維，呈現了一個新的視角，改變了人們對「什麼是珠寶」、「該怎麼用珠寶」的既定觀念。

我大學讀的課題是中世紀歐洲和英國歷史這個「冷門」的學系，看起來似乎是個錯誤決定，但它擴闊了我的眼界，令我對中國歷史、對文明的發展乃至跨文化的交流，能以更廣闊的視角來審視。倫敦藝術大學的核心學系之一、中央聖馬丁藝術與設計學院肯定我努力的成果，亦是其中一個原因。對於聖馬丁學院認同跨文化交流深化的重要性，我由衷感激。

絲路是東西方 3,000 多年來互動的象徵，也是我設計知識和靈感的泉源。我在絲路沿途看到的標誌、雕刻和符號，既和佛教有關，也不乏伊斯蘭教的影響，無論是在中亞，甚至在西班牙都是如此。對我而言，它們有共通之處，很容易納入現代的詞彙。比起上世紀的斯坦因和那些掠奪——最後變成幫忙保存——中國文物的探險家，敦煌對我的意義更為重大。透過這些古文物，我回歸到自己的文化，讓自己沉浸於中國不同的生活方式，觀察它們如何逐步演變成今日的面貌，將文化傳承融入於日常生活中。事實上，這也是將學術研究在現實中實踐的方法。

我的成功建立在對東西交流的觀察上，但我的珠寶作品卻沒有一件是純粹的中國風。這就是我的設計觀，它應該是超越中國這個框架的。不少名人佩戴過我的珠寶和飾品，但除了珠寶設計方面的貢獻之外，我認為我透過寫作，在增進知識、促進人們的了解上，也扮演了一定的角色。我幫助大家認識中國家具在生活中扮演的角色，和中國的傳統居家環境，從家庭到社區，到什麼是國家，什麼是文明，換句話說，就是認識中國人之所以為中國人的整個生態和信仰體系。

隨著歲月過去，鼓起勇氣去外面闖蕩，對我來說越來越困難。1970 年代，我揹著一袋樣本，走上紐約街頭；我到日本開拓新市場，成為當地第一位非日籍的著名亞洲珠寶設計師。這些全都困難重重，但虛榮和勇氣可以幫你排除萬難。

現在我的作品只在香港、紐約和倫敦的展覽會上展售。我有一小群肯定我的忠實粉絲，在北京和上海也有追隨者。在那裡，他們知道我是知名品牌，在西方和日本都有了一片天。即使如此，我已不再那麼雄心萬丈了。生命是分階段的，我不再那麼有耐力、有那麼強的動力去從事行銷工作，或是舉辦活動去維持品牌的地位。現在我將精力放在學習上，只喜歡那些能激發生命力、讓人生更有深度的經驗，因此我四處旅行，擔任各個博物館和設計委員會的委員。光是這些就佔據了我非常多時間。

不過我始終沒有停止設計。設計既是工作，也是消遣。我發現設計和收藏最能激發想像，帶給我啟迪和滿足感，特別是外觀亮麗而獨特的飾品，上頭鑲嵌的古董配件既產生對比，同時又達到和諧協調。我看過一些戰國時期的玻璃珠和水晶環，每件都精雕細琢。另外還有一種名為「蜻蜓眼」的玻璃珠，公元前 1400 年最早出現在埃及，後來經過中亞傳入中國。我也看過細長的玻璃管，上頭有凸起的裝飾，多半是中國特有的黃色或藍色。東西方的藝術和裝飾品相互影響、彼此融合，不同文明的元素或並列、或互相搭配，即使是數千年歷史的文物，看起來仍活潑迷人，既現代又時髦。研究這些是我最熱衷的事。

我設計的東西不計其數，除了珠寶和飾物，還設計過陶瓷碗碟。我的靈感來自 9 到 11 世紀的白瓷和青白瓷，我最愛收藏這個時期的陶瓷器。另外，我也設計過服裝和茄士咩羊毛披肩。回頭看，我做的一切其實是面鏡子，反映出香港的強項。到美國以後，我對「生活」有了新的啟悟，激發我在飾品的世界中找到新方向：事業女性生活步調緊湊，一切講求便利，但又希望自己看起來優雅體面。那時我看到一塊又一塊的半寶石出現在香港的市場上，因此我把它們和香港師傅精湛的雕刻手藝結合，創作商品，帶到紐約等美國大城市售賣，有段時間甚至打入了大半個地球的市場。風水輪流轉，現在，鑲有古董的設計又再度受到重視了，這是因為中國買家比歐美人士更喜愛這類產品，而且也負擔得起了。身為歷史學者兼設計師，我以行動實踐「把歷史佩戴上身」這句話，也做出了自己的風格。

現在，除了林林總總的事務，我還是個教師，這一切都是命運的安排吧。我到處演講，在香港、北京、倫敦和紐約等地，跟設計系的學生和設計師互動。除了擔任倫敦中央聖馬丁學院首位跨文化客席教授外，從 2012 到 2014 年間，我也應北京中央美術學院邀請，擔任客座教授，還在 2004 至 2010 年出任過北京清華大學客席教授。在中國，大家都叫我「羅老師」，我聽了又欣慰，又覺得十分光彩。

我非常幸福，我和兩個兄弟及他們的配偶、四個孩子和四個孫子孫女都很親近，還有個通情達理的妹妹。他們會適時給我寶貴的建議和支持，光是看到他們的後代，我就覺得生活又充滿了活力。

我哥哥啟良和嫂嫂莎拉，還有他們的女兒家明和家婷，有近 30 年的時間，每年夏天都會到法國西南部寧靜的農業區洛特－加龍省（Lot-et-Garonne）去。他們在洛贊一條叫薩拉貝（Salabes）的村落有個農莊。2006 年，大女兒家明嫁給約翰 · 布倫納（John Brunner），兩個人在這裡舉行婚禮。婚禮是歐式鄉村風格，浪漫唯美，畫面至今在我的記憶裡還非常鮮明，晚宴幾乎擺滿了蒙夫朗屈安（Monflanquin）的廣場。廣場附近有座 13 世紀的教堂，婚禮就在這裡舉行。這一帶和我的中世紀英國和法國史

弟弟啟耀和弟婦王允默、他們的孩子家浩和啟炘、妹妹啟文、哥哥啟良和大嫂莎拉，及其他家人跟媽媽合照。這是媽媽最後一次拍照。

專業有密切的關聯。英法兩國王室的關係盤根錯節，密不可分，在蒙夫朗屈安所屬的亞奎丹區（Aquitaine）尤其如此。12 世紀，英格蘭國王亨利二世（King Henry II）娶了全歐洲最大的地主，也就是亞奎丹的伊蓮娜（Eleanor of Aquitaine），但這兩個國家彼此的仇恨和戰爭，還有他們八個孩子互相攻伐，更是傳奇中的傳奇。

這麼多年來，啟良和莎拉鍾愛的薩拉貝小村似乎沒有多少改變，還是那麼寧靜。我還記得農地上開滿大大的向日葵，溪流縱橫其間。週末市集的商品琳瑯滿目，從麵包、芝士、小吃、當地酒莊釀的紅酒到刺繡枕頭套和床罩，應有盡有。當年買的枕頭套和床罩，我到現在還在用呢。法國的鄉間是永恆不變的。

啟良和泰國很有緣，早在 1980 年代就在泰國工作。他和弟弟啟耀在泰國有一套大宅，分為四棟泰式度假屋，環境優美，除了各自的私人花園，公用空間還有一個大泳池。度假屋位於布吉數一數二的長沙灘，啟良會在這裡建房子，故事要從 2000 年的聖誕節說起。當時啟良開船帶家人到安達曼海（Andaman Sea）的西密蘭群島（Similan Islands）玩，下船後，看見一個人在樹蔭下休息。那個人很大膽地問啟良，有沒有興趣買幾塊沙灘旁邊的土地，也幸好啟良答應了。2006 年，經過大規模的營建，終於落成了四棟泰式度假屋，配備各種現代設施，住起來非常舒服。其中兩棟房子賣了給啟良的朋友，一棟是我弟弟啟耀、他的太太王允默還有兩個兒子啟炘和家浩一起住。啟炘在南美洲工作過很長一段時間後，現在終於回到亞洲了。

我在他們的別墅度過了許多快樂的時光，在這裡可以忘卻俗世一切煩惱。我們在一望無際的沙灘上散步，在與世隔絕的世外桃源享受寧靜。每年聖誕和新年假期來這裡與他們團聚，和姪子還有孫子輩玩在一起，看著他們成長和獨立，真是無比喜悅。

姪子們現在都長大了，聽他們談談新的見聞、新的潮流趨勢和他們的近況，更是莫大的快樂。

這是一段寶貴的時間，可以用來閱讀很多還沒看過的文章和書，還可以跟親人坐下來吃頓豐盛的大餐，享受滿桌新鮮的海鮮和蔬菜。這不但是歡樂的時光，更是充電的好辦法。隨著布吉日漸開發，受影響的區域也越來越廣，真希望這種寧靜安詳的生活不會受到破壞。

過去那些年，我在倫敦和紐約待的時間幾乎是一半一半。我在倫敦讀書，紐約則是我在北美的珠寶行銷中心。近幾年來，我雖然住在香港，但仍盡可能每年至少去一趟倫敦和紐約。去紐約多半是在秋天，那個時候，紐約滿城秋色，還有無數精彩的藝術展、設計展和音樂表演。我也會利用這個機會去亞洲協會，在那裡的商店推銷我的珠寶。從 2004 年起開辦的羅啟妍藝術文化系列講座，每隔一段時間就會在亞洲協會舉行，時間也通常是在秋天。

去倫敦則多半是在 6 月一年一度的巴塞爾藝術展（Art Basel Fair）過後，或是 5 月兩年一次的威尼斯雙年展（Venice Biennale Opening）之後。我對肯辛頓和荷蘭公園那一帶很熟，多半會住在附近。每次造訪荷蘭公園，參觀德揚．蘇德迪奇（Deyan Sudjic）主理的倫敦設計博物館，是我的一大享受。德揚．蘇德迪奇費盡苦心，讓大眾了解設計的重要性，了解生活和社會是如何與設計緊密相連。我習慣住在肯辛頓花園大門正對面的一家小旅館，常常一大早過馬路走進公園，經過肯辛頓宮（Kensington Palace），沿著我最喜歡的兩條路線散步。一條是到圓形池塘（Round Pond），在樹蔭下休息、運動或看書；另一條是一路走到蛇形美術館（Serpentine Galleries）。每年7月底這裡會有一個非常精彩的臨時展亭，由評審團選出的建築師搭建，建築界、藝術界和設計界赫赫有名的大師都在這裡佈過展。

我最喜歡的一個展亭，是2002年9月伊東豐雄和塞西爾．波曼（Cecil Balmond）用鋼材聯手搭建的。我很想籌錢將它買下來運回香港，可惜沒有成事。現在這座亭子在南法，變成了一家咖啡館。

另一個令人難忘的展亭是一個有著蛇形曲線的磚牆結構，是2016年丹麥的創意建築師比雅克．英格斯（Bjarke Ingels）設計的。他1974年出生，2016年獲得《華爾街日報》年度創意大師獎（Wall Street Journal Innovator of the Year），是全世界最炙手可熱的建築師之一。他的作品非常多，包括有紐約世貿中心二號大樓，以及在加州山景城和鬼才建築師湯瑪斯．海瑟尉（Thomas Heatherwick）合作的谷歌總部。

這些年，我常造訪好朋友悉尼爵士（Sir Sydney）伉儷的花園，這座花園在北倫敦，非常大，裡面種滿了奇花異草，旁邊有個很大的中庭，我的珠寶飾品在那裡展覽過好幾次。他們喜歡交朋友，而且慷慨大方，常常辦一些音樂和文化活動。

我在 1970 年代認識的老朋友羅納德 · 休 · 格里爾森爵士（Sir Ronnie Grierson），有次坐車來這裡看我的展覽。但他年紀很大，身體弱，沒辦法下車，我就坐在車上跟他聊了快半個小時。後來，剛到的爵士夫人羅莎 · 利普沃思（Rosa Lipworth）和德莎 · 凱瑟克（Tessa Keswick）也加入我們一起聊天，賓主盡歡，可惜那是我最後一次見到他。說到格里爾森爵士，我就想起鄧永鏘，我介紹他們彼此認識，後來他們變成了形影不離的好朋友。據說 30 年來，兩人不論在哪裡，每天都要講電話，試想想他們花了多少電話費！

我也介紹了格里爾森爵士認識我嫂嫂莎拉。莎拉在 1987 年成立了香港癌症基金會，從此一直是基金會的支柱。基金會的存在非常有意義，它免費提供資訊和各種支援，目標是改善香港癌症患者的生活品質。

至於紐約，我非常喜歡中央公園，那真是曼克頓中心地帶的綠洲。1980 年代我常住在公園靠南面，約從 57 街至 72 街那一帶。近幾年，感謝好朋友姬絲汀娜 · 希倫（Cristina Heeren）讓我住在她第五大街的三層樓公寓，窗外就是中央公園，一覽無遺。2018 年 11 月，秋高氣爽，我們有幸看到紐約最美的一刻，真是一大享受。我跟姬絲汀娜帶著她三隻愛犬到公園跑步，沒多久就被一群狗包圍。牠們嗅來嗅去，馬上熟絡起來，也拉近了雙方狗主的距離。

再往南走到 91 街，就到了我很喜愛的庫珀 · 休伊特國立設計博物館（Cooper Hewitt Smithsonian Design Museum）。我非常幸運，在2017年9月趕上了約里斯 · 賴曼（Joris Laarman）作品展。他利用數碼技術，設計並製作出 20 張形狀一模一樣，但圖案完全不同的椅子，令人印象深刻。

而在 89 街的古根漢美術館（Guggenheim Museum），我趕上了「1989 後的藝術與中國：世界劇場」（Art and China after 1989 — Theater of the World）展覽的尾巴。由孟璐（Alexandra Monroe）策劃的這場展覽，得到北京尤倫斯當代藝術中心館長田霏宇（Philip Tinari）的協助，網羅了中國內地新一代藝術家的作品參與展出，希望打造一個不受意識形態束縛的現實，重新定義當代中國。我和多數人的看法一樣，這是一場有濃濃學術意味的展出。陳箴《倉促的分娩》那條由壓扁的金屬和橡膠車胎編織成的巨龍，彎彎曲曲地從展覽廳的圓形屋頂垂降而下，十分壯觀，但也有點驚心怵目。

談到古根漢美術館，記憶就像潮水般湧來，讓我不禁想起 1998 年精彩的「中國：5000 年」（China 5000）。這是一場超大型的展覽，展品借自世界各國，其中有不少來自四川和雲南的珍品更是首度展出，相當轟動。我還清楚記得展覽開幕的情景，因為原本從中國來的要人缺席，所以主辦單位邀我擔任晚上開幕的主持人。要在那麼短的時間內準備好講稿，宣佈這麼重要的活動正式開幕，可真是難忘的經驗。

繼續沿著熟悉的第五大道往南走，到 82 街就是大都會博物館（Metropolitan Museum of Art）了。這裡不但是全球藝術精品的寶庫，也是許多頂尖展覽的場地。2017 年，我很幸運又一次與博物館的亞洲部主任何慕文（Maxwell Hearn），討論博物館將來的計劃，也回憶起從前一些精彩的展覽。我尤其記得 2010 年的「忽必烈的世界：中國元代的藝術」（The World of Kubilai Khan: Chinese Art in the Yuan Dynasty），展品來自世界各地，包括好幾幅中國歷史上最好的畫作，推翻了蒙古人只會打仗的既定印象，展現了元朝統治中國約百年間在藝術和科學上革命性的變革。我在大都會還看過各式各樣的展覽，從考古文物到男性飾品，應有盡有，例如包括：從 2004 年 10 月 12 日至 2005 年 1 月 3 日的「中國：盛世曙光，公元 200 至 750 年」（China: Dawn of a Golden Age, 200-750AD），以及 2015 年 8 月 19 日至 2016 年 2 月 29 日的「中國：鏡花水月」（China Through the Looking Glass: Fashion, Film, Art）。

沿著第五大道一路往下走，最後一站就是58街的波道夫．古德曼。有差不多12年，這座殿堂級百貨是我最重要的珠寶銷售點。我的商品能在這裡曝光，是我進軍美國、建立自家品牌最大的助力。現在零售業的經營模式已經改變了，但我還是念念不忘從前的日子。當時我在波道夫．古德曼名利雙收，今日我看著它的店面、它的櫥窗，只有疏離感和美好的回憶。

我在英國讀書的期間，愛上了古典音樂和歌劇。我會和朋友兩個人買一張票，輪流坐著看表演。我還清楚記得女高音瑪麗亞．卡拉絲（Maria Callas）飾演的托斯卡（Tosca），真是劇力非凡！可惜在那之後不久，她就不再演出了。另一場令人難忘的歌劇，是普拉西多．多明哥（Placido Domingo）演繹奧泰羅（Otello）。

但其實奧地利的薩爾斯堡才是真正的歌劇聖地。1990年代中期，約有三年，我很幸運能當戈頓．蓋蒂（Gordon Getty）和他夫人安．蓋蒂（Ann Getty）的小跟班，在他們薩爾斯堡的宅子裡借住一個小房間。至於最近，那就得感謝對提倡藝術不遺餘力的藝廊主人薩德斯．侯巴克（Thaddaeus Ropac）了。他幫我買到歌劇院的票，還幫我訂好位於糧食胡同（Getreidegasse）鬧市的藍騎士甘斯藝術酒店（Blaue Gans）。從窗口往外看，街道滿是行人，真的很有意思。作為喬納斯．考夫曼（Jonas Kaufmann）的超級大粉絲，我一定要去看這位來自巴伐利亞的英俊男高音，欣賞他收放自如、動人心弦的歌聲和細膩的演技，他演出的《卡門》（*Carmen*）和《唐·卡洛》（*Don Carlos*）真是一場饗宴。當然也不能錯過女高音安娜·涅特列布科（Anna Netrebko）和德米特里·赫沃羅斯托夫斯基（Dmitri Hvorostovsky）合作演出的《遊吟詩人》（*Il Trovatore*）。赫沃羅斯托夫斯基不幸過世，讓人非常痛惜。

到薩爾斯堡之前，我會去泰根塞（Tegernsee）一個名叫羅塔（Rottach）的村子，找克勞斯·馬丁（Claus Martin）醫師和他兒子尼古拉斯（Nicholas）的診所檢查身體。泰根塞湖邊是許多有錢人的度假勝地，現在能見到越來越多內地遊客和他們的嚮導。因此，當地多了好些賣流行服飾和紀念品的精品店。

薩爾斯堡另一個樂趣是有許多美麗的湖泊。搭渡輪遊覽富施爾湖（Fuschl）和周邊小島，真是百看不膩。我還記得幾年前的一場盛會，來自世界各地的賓客齊聚在德高望重的瑪莉安娜公主（Princess Marianne zu Sayn-Wittgenstein-Sayn）的花園裡。

歌劇是一種很花錢的藝術形式，也有人説它已經過氣了，昂貴的佈景道具應該廢除。歌劇的張力的確是來自它的音樂和詮釋，所以我主張要保留歌唱的部分，這是它的精華，另外用音樂會的方式保留它的戲劇力，特別是華格納的歌劇。香港管弦樂團用音樂會的形式演出《指環》（*Ring*）四部曲，就非常成功。這樣的演出值得大大推廣，因為歌劇的精髓就在於它的音樂。

2001 年，我那熱愛音樂的好朋友楊雪蘭，邀我去聽音樂家譚盾的協奏曲《地圖：尋回消失中的根籟》首演。他創作這首曲子的靈感是來自老家湖南省的各種聲音和民間傳說。能夠走一趟鳳凰古城，看到人人努力保存當地文化，真是既開心又大開眼界。演出地點就在河邊，場面十分盛大，明亮的投射燈照著管弦樂團，譚盾沉著自信，展示高超的指揮技巧。合唱隊是當地徵選的，主唱的聲音雄厚嘹亮，唱起山歌時渾然天成。唱山歌是當地人隔著山頭溝通的方式，他們有個古老的習俗，男女二人藉著對唱山歌相識，最後結為連理。這場演出在我腦海裡留下深刻的印象，傳統文化竟能催生這樣的現代音樂，令人驚喜。

譚盾在世界樂壇的地位十分穩固，既是首屈一指的作曲家，也是傑出的指揮家。因此他最新的作品《慈悲頌》2018 年 3 月 2 日在香港進行亞洲首演時，各界都給予極高的期待。男中音沈洋、女高音瑪麗亞·基佐尼（Maria Chiara Chissoni）、女中音朱慧玲和男高音王亢等人的獨唱，還有 200 人組成的合唱隊，表現都鼓舞人心。這是個難忘的夜晚，譚盾作為世界一流的音樂大師，實至名歸。

故事就這樣說到今天。我還住在堅尼地道附近，離從前老家不遠的地方，是最近剛搬進來的。住在這裡的一個好處是方便去逛香港動植物公園。香港是一個寸金尺土的地方，但動植物公園長久以來一直是香港的綠洲，花木扶疏，井然有序。我可以放鬆地坐在長椅上看書，也可以觀賞紅鶴、白鷺等雀鳥，也可看猴子、松鼠等幾十種動物，又或者興之所至，從 10 月至 4 月間天氣比較涼快的時候，我會精神奕奕地散步走 15 圈，走完後更加神清氣爽呢！

Epilogue

後記

Empowering Our Creative Future
培植創意，迎向未來

「歷史可怡情養性，求知、思辨、知性乃畢生之樂。」

這是我最近看到的一段話。它張貼在劍橋大學歷史系大樓，引起我深深的共鳴。那正是我畢生經歷的寫照，是我人生之旅最佳的描述。

我一生的追尋得以橫跨東西，宛如一場絲路之旅，這是何等的福份。從第一份在文華酒店的工作開始，我就有幸接觸到全新的視野，跨越國界，給予我難得的機遇。我躬逢其盛，在那個各式古董文物出現在香港和澳門市場的空前時刻，接觸到中華文化的美。上天是如此眷顧，後來我還獲得邀請，遠赴紐約。

如今回想起來，我真的非常幸運，那些年能在英國受教育，直到大學畢業。我又何其有幸，能進入文華酒店，帶給我前往美國的機遇，後來在紐約的時代公司工作。那些年在西方生活學習到的新知及價值觀影響了我、陶冶了我，更提升了我的眼界。

這一切都造就了昔日與今日的我。

相信自己具有創造力是創新的根本，大膽嘗試則是演繹全新風貌的第一步。創意和自信是一切的核心。只要我們夠勇敢，發揮創意，它必能發光發亮。相信自己的能力，以堅定的信念、自信與靈活性為後盾，勾畫出充滿創意的願景，這些都是必要的準備。然而，首要是充實自己的技能，之後才可能主導周遭的世界，繼而改變它。這就是我對年輕人的忠告：要勇於嘗試，但在此之前先做好功課！學會發揮自身的力量，發掘潛藏的創意火花或許需要很長的時間，但一定要堅定向前。很多人白天要工作，只能在工餘追求自我。但只要你夠堅定，潛心研究，細心觀察，不斷嘗試與修正，必然會有所突破，努力終究會為你帶來機會，讓你獲得肯定，實現夢想。

湯姆·凱利（Tom Kelley）是享譽全球的設計智庫IDEO的董事長。在他的著作《創意自信帶來力量》（*Creative Confidence*），他提出許多關於創意的寶貴觀點與建議。書中有一則故事是他幾年前在東京新宿的親身經歷。當時他看到一個年輕的日本女孩穿著兩隻不同顏色的帆布鞋：一腳是亮藍色，另一腳是粉紅色。我自己也長時間穿不成雙、不成套的鞋襪和衣服，有時是正背面不同顏色，有時是兩隻袖子呈對比色或是不同剪裁。之所以這麼做是要簡化穿著，減輕行李的重量，好騰出空間來帶珠寶和飾品樣本。帶三隻鞋配成兩雙就是減重的一個方法。因此，我設計的耳環左右顏色不同，那不是不成對，而是一種另類的協調搭配。不對稱自有它獨特的和諧之美。

每個人都有創造力，這是不言自明的事實。創造力是可以培養的，我總是穿著不成雙的鞋子、不對稱的褲子，這也是一種和諧，雖然表現的方式不同，但很務實。這可以解決問題，同時還可以創造新的美學。另外，我也可以買比較便宜的零碼布，做成自己原創的衣服。我設計半寶石珠寶的方法也差不多，選擇色彩繽紛的天然寶石，做出容易搭配而且不太昂貴的作品，填補了貴重寶石和時尚珠寶之間的空隙。這是解決問題的辦法，也可以說是創意自信的一種表現。

我常常舉例説明，長久以來中國文化——先是絲綢，然後是瓷器——如何對西方產生影響。例如《三博士來朝》（*The Adoration of the Magi*），這張 15 世紀意大利畫家安德列亞 · 曼迪那（Andrea Mantegna）的畫作裡，竟然畫了個中國的瓷杯作貢品。那是明朝的青花瓷，三博士將它當作禮物，獻給剛出生的耶穌。這是很有力的證據，説明中國陶瓷在 15 世紀的西方有多麼珍貴。

我總是盡可能反思，再三斟酌並盡力做到最好。我享受探索知識的過程，喜歡和同儕及各方專家分享知識。我是讀歷史的，研究重心是藝術、設計及社會與經濟發展，而這些都和人文領域的論述有關。我很感激我擁有的自由和彈性，讓我可成長發展。我珍惜和親朋、專家乃至公眾的交流，交流的方式和收穫不盡相同，但都能培植一個人的力量。我也理解並尊重東方帶給西方世界、後來則是西方給東方帶來的互相影響。

我的侄子、侄女、外甥、外甥女，有的長大了，有的還小，他們都是我親愛的家人。他們真摯誠懇，告訴我新的論述、新的觀念，激勵我努力充實生活。在幾十年前的傳統社會，成家立室是固有觀念。當時不知道有多少人問過我，為什麼不結婚？我是怪胎嗎？還是因為太有自己的主張？當然，我也曾有機會，但我從來沒有為了安全感或為了有個伴就深陷其中。

時代改變了，比起從前，現在的女性更能在職場上自由發揮，兼顧家庭，還能專心發展自我。有真才實學、有天份、有本領、能把握機會的女性，早就把職場男尊女卑的框框打破了。從商界、科技界再到政壇，乃至藝術、設計、表演、多媒體等各個領域都有許多女性工作者，為職場注入新風氣，平衡工作和生活、家庭和個人發展。從創意無窮的商業領袖，例如通用汽車行政總裁瑪麗．芭拉（Mary Barra）、臉書的營運長雪莉．桑德伯格（Sheryl Sandberg），到女性政治家，如香港特別行政區行政長官林鄭月娥、執政多年的德國總理默克爾（Angela Merkel），再到開創新風貌的藝術家如草間彌生、翠西．艾敏（Tracey Emin）和莫娜．哈透姆（Mona Hatoum），全球的傑出女性多不勝數。現在大家已經意識到，女性有能力創造、領導、成長，取得卓越的成就，但同時保留女性的特質。

創意和自我表達需要有自由思考的空間，要能放心嘗試，也要能發聲。香港享有自由和司法公正，受到法治的保護。隨著我們的城市進一步融入中國，成為大灣區計劃互聯互通單位之一，我們更應該好好守護這塊自由和保護的基石。我們堅信，法律保障人的思想，是信心和信賴的基礎，這是無論如何都要維護的。香港人，特別是年輕人，正努力在「一國兩制」框架下，捍衛我們認為保有自己的生活方式最根本的東西。

香港地理得天獨厚，隨著珠江三角洲聯通性的提高，三小時之內便能抵達各主要地方，方便在鄰近地區開設公司或尋找合作夥伴。正因為這樣，馮國經和米高．恩萊特教授（Michael Enright）這兩位珠江三角洲的專家指出，香港應該善用深圳和東莞這兩座城市的優勢，加強與全球金融市場的連結。香港也可以扮演連結大灣區的角色，在香港回歸中國之前兩年，鄧小平就曾提過類似的想法。隨著大灣區的形成，內圍的核心城市和外圍的衛星城市，每座都各自有專精的技能和產業，此時，香港必須維持作為與國際接軌、可靠的金融中心這個地位。我建議香港的年輕人應該勇於冒險，嘗試走出去，善用珠江三角洲的資源和機會，投入更廣闊的世界。

香港的強項除了金融和對外的高度連結，另一個有傑出表現的領域就是設計思維。

我在香港設計中心當了 12 年董事，我非常有信心，香港政府正透過舉辦工作坊、認證課程、會議及交流等各種方式，提供更多資源，培養香港人的設計思維和自信，喚醒商業界對設計的重視，鼓勵他們提出新的解決方案，釋放創意能量。以前，大家認為只有藝術創作才需要創意，但現在我們看到，創意可以表現在許多領域，不只是藝術和設計，也包括商業和科技，世界上很多企業的創立和茁壯就是最好的例證。

人們常把「創意」和「新穎」混為一談。就像愛因斯坦說的：「所謂『創造力』是看見別人看見的，卻想出別人想不到的。」換句話說，就是用新的眼光看待舊的事物。了解過去是基礎，有了這個基礎才能衡量現在，探索新的可能性。因此，藝術和設計教育一定要包含人文學科的訓練，以歷史和文化為基礎，進一步培育「生活美滿、有貢獻的完人」（這是前美國總統奧巴馬的形容）。日本設計大師三宅一生曾說過：「我深入自己的文化傳承，從中帶出全新的東西。」我對這句話深有同感。現代設計師身處中國這樣新的經濟環境時，這句話也應該給他們帶來一些啟發。對我來說，成功糅合新與舊、東方與西方，就是綜合了文化、鑒賞力和美學的整體表現。因此，路透社的占士·龐費（James Pomfret）認可我說：「現在看來很平常的事，啟妍卻是開路先鋒。她重塑中國文化，打造出具有現代感的樣式，這是她的原創。」能得到這樣的肯定，我做的一切都是值得的。

我對中國文明的地位和影響很感興趣，從絲綢和瓷器為什麼能迷倒西方世界數千年，13 至 14 世紀蒙古帝國短暫的軍事勝利、橫掃歐亞的足跡，一直到伊斯蘭教滲透亞洲，勢力直達歐洲和北非邊界，他們留傳下來這巨大的影響力，都是我想探究的。

16 世紀歐洲文明崛起，稱霸世界，掌控經濟，點燃科學意識，帶動文藝復興，這一切都有賴科學和醫學上的新發現。更重要的是，它帶來了一項新發展，那就是社會內部的競爭。歷史學家尼爾 · 弗格森（Niall Ferguson）在他的經典鉅作《文明：決定人類走向的六大殺手級 Apps》（*Civilization : The West and the Rest*）中就提到這一點。

另一位知名的歷史學家彼得 · 弗蘭科潘（Peter Frankopan）也提出了他的觀點。他在暢銷書《絲綢之路：一部全新的世界史》（*The Silk Roads*）及之後的《新絲綢之路：世界的古今》（*The New Silk Roads: The Present and Future of the World*）中再三指出：

「我們看到，這個世界不是一段段毫不相干的斷代史，也不是由一個個孤立的區域串連起來的。數千年的歷史是它的主旋律，將每個時代、每個區域串連成一個大整體，這個整體包容一切，有著共同的過去……而此刻我們生活在亞洲的時代，再一次見證中國崛起、稱霸。」

的確，現在中國的影響力遍及全球。我們由衷希望，這個國家能受到尊敬，不只是因為它的經濟和商業實力，也因為它的品味、它在文化上的成就與影響力、它在藝術、音樂、影像科技及各個新的創意領域培養的傑出人才、它在科學與科技上的創新，更因為它是一個滋養和催生新文明的有機體系。

世界瞬息萬變，但亞洲一定能重回 300 年前的光榮地位。我們期待香港能融入內地的脈絡，維持中國南方大都會的角色，成為大灣區發展的先導，保留香港獨特的品味、個性、創造力和創業精神，與全球接軌，成為從內部驅動中國奇跡的一股力量。

跋

Afterword

啟妍是香港偶像級的珠寶設計師之一。她從文化歷史學者跨界成為珠寶飾品和工藝品設計師，她的原創性、對流行的敏銳度及與生俱來的鑑賞力，讓她能前瞻未來——一個東西方藉由文化、藝術和設計交融而成的未來。

我認識啟妍已經超過 30 年了。過去 15 年間，因為參與香港設計中心及西九文化區 M+ 博物館的籌建事務，我很榮幸能和她密切合作。對於這兩個項目，她從規劃階段開始就貢獻了很多心力。

這些年來，啟妍協助香港設計中心策劃了許多國際性的設計展，也協助我們編輯重要的刊物。在我們各項提倡設計的工作中，她總是不厭其煩地提醒我們要從文化和傳承的角度出發。另外，她也是工藝的行家。2007 年，啟妍獲得香港設計中心頒發年度重要獎項《世界華人設計師大獎》，我既是她的粉絲，也是提名人之一。

啟妍是個名副其實的文化大使，她花了非常多時間和精力，推動本地和全球的文化交流，主張優質的設計和藝術是未來新經濟與幸福社會的核心，大方地和大家分享她的設計哲學和對文化的真知灼見。遍佈全球的豐沛人脈，遊歷世界各地所得的見識，讓她對文化、對設計都有獨具一格的看法。

啟妍大力提倡香港的設計運動，對香港設計中心的支持不遺餘力。她清楚知道，藝術、設計和科技在打造健康、包容與和諧的社會時，扮演著關鍵的角色。

我很高興啟妍的回憶錄就要出版了。她是許多人的典範，從設計到經營都是無師自通，且毫無保留地推廣優質的設計。她既有亞洲人的特質，又有宏觀的國際視野，我很珍惜和她之間的友誼。

西九文化區管理局
M+ 視覺文化博物館董事會主席

羅仲榮

致謝辭

Acknowledgement

我要對所有協助我完成這本書的人説聲「謝謝」。關於家族史部分，我要謝謝妹妹啟文、嫂嫂莎拉和弟婦王允默，當然還有我哥哥啟良、弟弟啟耀和表哥啟熙，謝謝你們提醒我別寫得太囉嗦繁瑣。

謝謝我出版界的好朋友胡秀美。打從 1980 年代起，你就給我建議，引導我如何描述生命旅途中的跌宕起伏。還要謝謝法蘭克．紐曼（Frank Newman）和他的妻子莉絲（Liz）、史蒂芬妮．斯托克（Stephanie Stokes）、米高．韋巴（Michael Webber）、楊雪蘭、紀文鳳和孫冠華，你們鼓勵我和別人分享我的生命故事。另外，我也要感謝羅仲榮，感謝你給我貢獻的機會，找我參與許多國內外的委員會，及香港設計中心給我機會，一起推動設計與創意的發展。我還要謝謝亞洲協會紐約和香港中心，為我和中央聖馬丁學院引薦、提供平台作文化講座，讓羅啟妍藝術設計文化講座得以實現。另外，謝謝何培斌教授、那仲良教授，你們深化我對傳統中國人的生活及中國人本質的認識，了解它們如何持續演變。我還要感謝香港特別行政區行政長官林鄭月娥，謝謝妳認同我對珠寶設計的理念，證明我的作品不僅適合平日佩戴，在正式場合也很得體。

此外，我還要向辦公室的同仁 Veronica Chan、Sally Lam、Siddal Lee 和 Marcelo Bukid Malihan 致謝，謝謝你們提供寶貴的協助，也謝謝你們一次又一次不厭其煩幫我整理資料和圖片。

我同時要感謝劍橋大學格頓學院和倫敦大學國王學院歷史系，你們開闊了我的視野，讓我明白「歷史可怡情養性，求知、思辨、知性乃畢生之樂」。謝謝中央聖馬丁藝術與設計學院前院長珍．羅佩利（Jane Rapley），你鼓勵我和大家分享設計靈感的來源。還有現任院長杰里米．蒂爾（Jeremy Till）和倫敦藝術大學 w 尼格爾．卡靈頓（Nigel Carrington），感謝你們委任我擔任客席教授，推廣跨文化交流和研究的重要性。要多謝潘公凱教授，是你邀請我擔任北京中央美術學院設計學院的客席教授。王明旨教授和李當岐教授，謝謝你們邀請我擔任北京清華大學設計學院客席教授。

最後，我要謝謝香港三聯書店，謝謝你們為出版這本書的中文版所給予的幫忙。

附錄

Appendix

Appendix One

附錄一
主編或合編著作

BOOKS EDITED OR CO-EDITED BY KAI-YIN LO

毛岱康、羅啟妍合著，《中國古典家具與生活環境：羅啟妍收藏精選》（香港：雍明堂，1998）

毛岱康、莫家良、羅啟妍合編，《如銀似雪：中國晚唐至元代白瓷賞析》（香港：雍明堂，1998）

何培斌 、羅啟妍合編，《古承今襲：中國民間生活方式》（香港：1999、2002）

Lo Kai-Yin, Knapp Ronald G.. *House, Home, Family: Living and Being Chinese*. Honolulu: University of Hawaii Press; Beijing: China Architecture and Building Press; New York: China Institute in America, 2005.

羅啟妍編，《香港：創意生態——設計文化的塑造》（香港：香港設計中心，2010）

羅啟妍、那仲良合著，《家：中國人的居家文化》（北京：新星出版社，2011）

Appendix Two
附錄二
羅啟妍藝術設計文化講座
THE KAI-YIN LO DISTINGUISHED PROGRAM LECTURES

香港

2014 「創意資本——硬實力還是軟實力？」
（Creative Capital - Hard Power or Soft Power?）

講者 約翰·郝金斯（John Howkins）：
商界領袖暨作家，致力推動創意與創新領域

蕭逸：
Outblaze 創辦人兼行政總裁、
TurnOut 風險基金（香港）董事

陳冠中：
文化評論員暨作家

紐約

2017 「創意空間激發城市活力」
（Creative Spaces Empowering the City）

主持 嘉新・雪波（Cassim Shepard）：
城市規劃專家、作家、《都市小巴》（*Urban Omnibus*）
創始總編輯

講者 尼古拉斯・波美（Nicholas Baume）：
紐約公共藝術基金主席暨首席策展人

亞歷斯・普茲（Alex Poots）：
紐約 The Shed 創始藝術總監暨行政總裁

華安雅（Suhanya Raffel）：
西九文化區執行董事暨 M+ 博物館館長

2010 「創造文化空間—香港—芝加哥—紐約」
（Creating Space for Culture – Hong Kong – Chicago – New York）

主持 克里斯提・艾德蒙（Kristy Edmunds）：
公園大道軍械庫藝術顧問總監

講者 愛德華・烏利爾（Edward Uhlir）：
芝加哥千禧公園執行董事

休・哈迪（Hugh Hardy）：
布魯克林音樂學院及林肯中心 LCT3 劇院建築師

嚴迅奇：
建築師、城市規劃專家

2009 「前瞻——藝術與音樂」
（Looking Ahead – Art and Music）

主持 招穎思（Melissa Chiu）：
亞洲協會博物館前館長暨全球文化項目總監

講者 譚盾：
知名作曲家

谷文達：
知名藝術家

2008 「中國精神、環球設計」
（Chinese Spirit, Global Design）

主持 蘇珊・絲奈喜（Susanne Szenasy）：
大都會雜誌（*Metropolitan Magazine*）與
香港設計中心合作專題總編輯

講者 陳秉鵬：
旅美香港工業設計師

曹覬文：
旅美香港建築師、室內設計師

2007 「中國境外的中國藝術」
（Chinese Art Outside China）

主持 招穎思（Melissa Chiu）：
亞洲協會博物館前館長暨全球文化項目總監

講者 徐冰：
知名中國藝術家

季雲飛：
知名中國藝術家

2006 「時裝和舞台設計——東方與西方」
(Fashion and Stage Design, East and West)

講者 韓楓：
中國舞台、電影及服裝設計師

「世界的建築」
(Building for the World)

講者 陳日榮：
蓋瑞 LLP 建築師事務所合夥人

2004 「越界—音樂、舞蹈、設計」
(Transcending Borders – Music, Dance, Design)

講者 盛宗亮：
中國作曲家

沈偉：
中國編舞家、舞蹈家、藝術家

楊志超：
香港建築師、設計師

Appendix Three
附錄三
中央聖馬丁藝術與設計學院講座

Central Saint Martins Lectures, London

2018 「藝遊維港，VIP 對談」
（Harbour Arts Sculpture Park, VIP Talk）

主辦 倫敦中央聖馬丁藝術與設計學院、香港藝術中心

講者 亞歷克斯．雪迪（Alex Schady）、蒂姆．馬洛（Tim Marlow）、黃國才、米高．克雷格－馬丁（Michael Craig-Martin）

2016 「CSM 傑出藝術及文化企業文學碩士之夜」
（CSM's MA Arts & Cultural Enterprise Distinguished Evening Forum）

主辦 香港大學專業進修學院（香港）

講者 劉錦宗、蕭逸、謝浩麟、安宇昭、譚君杰

2015 「雕塑與公共空間的轉化」
（Sculpture and the Animation of Collective Space）

主辦　香港英國文化協會（香港）

講者　安東尼．葛姆雷（Antony Gormley）

2014 「融貫東西——實現美願之橋樑」
（The Bridge of Aspirations – Connecting East and West）

主辦　亞洲協會、香港英國文化協會

講者　湯瑪斯．海瑟尉（Thomas Heatherwick）

2013 「倫敦中央聖馬丁之夜羅啟妍座談會」
（Evening CSM Kai-Yin Lo Panel Discussion）

講者　羅啟妍接受中央聖馬丁藝術與設計學院
珍．羅佩利（Jane Rapley）教授訪問

Appendix Four
附錄四
主要公職

Positions

倫敦藝術大學中央聖馬丁藝術與設計學院客席教授

北京中央美術學院設計學院客席教授

香港設計中心董事局成員

香港西九文化區管理局 M+ 博物館董事局及收藏委員會成員

英國泰特當代美術館亞太收藏會委員

紐約藝術和設計博物館國際委員會委員

紐約亞洲協會國際委員會委員

亞洲協會香港中心藝術與文化局成員

國際婦女論壇成員

香港各界婦女聯合協進會女企業家委員會委員

香港特別行政區政府康樂及文化事務署博物館專家顧問

羅啟妍的設計人生
一場跨文化之旅
Designing a life
A Cross-Cultural Journey

責任編輯　寧礎鋒
書籍設計　M. M.

作者　羅啟妍
出版　三聯書店（香港）有限公司
香港北角英皇道四九九號北角工業大廈二十樓
JOINT PUBLISHING (H.K.) CO., LTD.
20/F., North Point Industrial Building,
499 King's Road, North Point, Hong Kong
香港發行　香港聯合書刊物流有限公司
香港新界大埔汀麗路三十六號三字樓
印刷　美雅印刷製本有限公司
香港九龍觀塘榮業街六號四樓 A 室
版次　二〇一九年十二月香港第一版第一次印刷
規格　大三十二開（140mm × 210mm）二六四面
國際書號　ISBN 978-962-04-4585-9

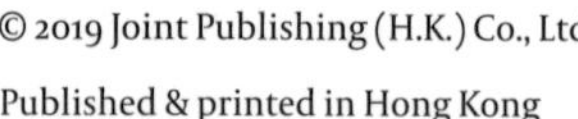

三聯書店
http://jointpublishing.com

JPBooks.Plus
http://jpbooks.plus